日本貴金属マーケット協会
代表が教える

今こそ、ゴールド《金》投資！

″円の下落″をカバーする
″無国籍資産″金のすべて

池水雄一
Ikemizu Yuichi

大橋ひろこ
Ohashi Hiroko

ビジネス社

はじめに

私とゴールドの関わりは、大学を卒業し総合商社に就職し、貴金属部に配属された時に遡ります。それ以来現在に至るまでのほぼ40年間、ずっとゴールドおよびプラチナやシルバーといった貴金属に商社、外資系銀行で携わって来ました。

そしてこの2～3年、ゴールドの立ち位置が大きく変化してきたことを強く感じています。それまでゴールドはあくまで「オルタナティブ投資」の一つであり、投資の王道はあくまで株であり債券であり通貨であったのです。ところが今やゴールドはその王道へ出てきたと言っていいほど、その立ち位置が大きく変わりました。

２０２４年、ドル建てゴールドは27％上昇、円建てゴールドに至っては42％もの大きな上昇となりました。昨年はドル建ても円建ても、ユーロ建てや英国ポンド建てでも、ほぼすべての通貨建てのゴールドが、歴史的高値を何度も更新したのです。それぞれ16～18％と上昇した日経平均、ナスダックそしてＳ＆Ｐ５００といった最もメジャーな株式指数を大きく上回るパフォーマンスでした。

なぜこんなに上がったのか。その最大の理由は、おそらくこれまで私たちが絶対的なものと信じていた民主主義をベースとした国際資本主義が、もはや絶対的正義とは認めない人々が、はっきりとそれを行動で表したことに起因するのだと思います。

米国を中心とした経済秩序に反旗を翻す国々、中国やロシアが彼らの価値観を主張しだしたのです。ロシアのウクライナ侵攻がその直接的なきっかけとなりました。

米国はロシアの米ドル資産を凍結し、ドルを経済制裁の武器として使いました。中国もまた米国から経済制裁を受けています。それを見たＢＲＩＣＳ諸国にとっては、米ドルはもはや資産ではなく負債となり、こういった新興国の「ドル離れ」が加速されました。ドルに替わって彼らが選んだのがゴールドなのです。

２０２２年そして２０２３年と、彼ら新興国の中央銀行のゴールド買いは年間１０００トンを超えて、年間の鉱山生産量の約30％を吸収してしまいました。金利高とドル高という、ゴールドにとっては逆風の環境にもかかわらず、その価値が大きく上がったのは、新興国のゴールド買いは金利に左右されるものではなく、その上ドルを売ってゴールドを買うのには、ドル高が格好の条件であったからだと言えます。

しかしゴールドが上昇するのは、決してこのような短期的な理由がすべてではありません。第2次世界大戦後から近年に至るまで、その圧倒的な経済力を背景に米国とその通貨である米ドルは世界経済の中心にありました。第2次世界大戦後から1971年まで、米国は1トロイオンスのゴールドを35ドルでの兌換を保証した「金ドル本位制」＝ブレトン・ウッズ体制を成り立たせていました。それが実現できたのは、ひとえに米国の2万トンを超える保有ゴールドの量とその経済力があったからです。

しかし1971年のいわゆるニクソン・ショックによって、ドルとゴールドのつながりは断ち切られ、ドルを通じてゴールドとつながっていた日本円などのほかのすべての通貨も、フィアットマネーつまり不換通貨になったのです。ゴールドとの関係を断ち切られた通貨は各国政府により、経済成長とともにどんどん刷られることになりました。

それから54年たった今、ゴールドとドルの交換レートは35ドルから2700ドルへと約80倍になっています。それは逆にいうとドルの価値が54年で約80分の1になったことを意味します。どんどん刷られるフィアットマネーは当然、その流通量と比例して価値が希薄化していくのです。

我々日本人は特に、ここ数年の円安で通貨の価値低減を身をもって感じています。リスクを取りたくないから何もしないというのは、もはや通貨の価値低減のリスクを逆に積極的に取っているということです。

このリスクを打ち消すためには、円建てのゴールドを持つことが最も効果的です。それは過去54年間に約80倍になったゴールドの歴史が証明しています。その上円建てゴールドは、円安になればなるほどその価値が上がるのです。今こそゴールドを我々のポートフォリオに加える時です。

この本ではそのゴールド投資について、ビジネスパートナーであり、投資家でもある大橋ひろこさんとの対談の形で詳しく解説しています。皆さんのゴールド投資へのきっかけとなればこれ以上の喜びはありません。Stay Gold！

日本貴金属マーケット協会代表理事　池水雄一

今こそ、ゴールド《金》投資！

目次

第1章　なぜゴールドを持つべきなのか？

第2章 ゴールドとは何か

第3章 ゴールドはいかにして掘られ、いかにして使われるか？

第４章 ゴールドのマーケットは、どのように形成されるのか

第5章 国によって違うゴールド市場

第6章 ゴールド投資にはどんなものがあるか

第7章　ゴールドをとりまく貴金属たち

第1章

なぜゴールドを持つべきなのか？

ゴールドの立ち位置が大きく変わった

大橋　２０２２年から２０２４年にかけて、ゴールド（金）の立ち位置は大きく変わりました。かつては金利高の局面になると、ゴールドの価値は下がる傾向にありました。金利が高ければ金利を受け取れる通貨を保有するほうが合理的だからです。ところが、コロナ禍以降のインフレ局面で米国をはじめ世界の金利が大きく上昇したにもかかわらず、ゴールドの価値は下がるどころか、大きく上昇を続けています。

これまで池水さんも私も、ゴールドをさまざまな形で保有してきました。東京の御徒町には多くの貴金属専門の地金商があり、ときおり一緒に現物の金を買いに行ったりもしました。そしてゴールドはいま、史上最高値になっています。

池水　10年ほど前、一緒に買いに行ったときのゴールド１グラムの価格は４０００円ぐらいでしたね。

大橋　最初に一緒に買いに行った時は４０００円ぐらいでしたね。そもそも個人的に最初にゴールドを購入したのは１グラム＝２５００円程度でしたが、それでも当時はゴールドの最高値局面でした。

当時「こんなに高いゴールドを今、買っていいのだろうか？」と少し不安もありました。とはいえ「ゴールドは長期的には必ず上がる」と考えていたため、結局１グラム＝２５００円台で購入しましたが、現在ゴールドは１グラム＝１万４０００円ぐらいまで上昇しています。現在が史上最高値水準にあるのですから、結局、過去を振り返ってどのタイミングで購入しても正解だったわけです。

池水　ではなぜゴールドは上がりつづけているのか。そもそも人間とゴールドの関係は、５０００年とも６０００年ともいわれます。有史以来、人間はずっとゴールドとつきあってきました。

大橋　エジプトのツタンカーメン王のマスクもゴールドでできていますね。

池水　ツタンカーメン王のいた古代エジプトでは、太陽が尊いものとして崇《あが》められ、王（ファラオ）たちは太陽を思わせるまばゆい輝きを持つゴールドを身近に置いていました。彼らにとってゴールドは権力や権威の象徴であり、地上の太陽のような存在でした。

当時の採掘法がどんなものかはわかっていませんが、ナイル川で採取できる砂金をもとにゴールドをつくっていたのでしょう。王たちの手許には多くのゴールドが集められ、ツタンカーメンの王墓には１００キログラムを超える、途方もない量のゴールドが使われています。

ツタンカーメン王の時代は、いまから３０００年以上前です。その頃から人間はゴールドを特別なものと見なしていたのです。

たとえば人間とプラチナの関係は、せいぜい１５０年です。これに比べると人間とゴールドのつきあいは格別な長さです。昔からゴールドは、人間にその価値を認められてきたのです。

もちろん私は５０００年前を見たわけではないので、なぜ５０００年前の人間がゴールドの価値を認めたのか、わからないところもありますが……。

ゴールドの最大の価値は永続性

池水　私はゴールドを扱って38年ぐらいになります。大学卒業後、商社に入社して以来、長くゴールドの売り買いをしてきました。扱いはじめた最初の頃は、どうしてゴールドが鉄や銅よりも桁違いに高いのか、その理由が正直わかりませんでした。なぜ圧倒的にゴールドのみが高いのか、不思議でならなかった。

大橋　池水さんでも、そんなことを考えた時代があるのですね。

池水　ただ近年になってゴールドの価値で一番重要なのは「永続性」だと理解するようになりました。物質の中で、ずっと同じ形でありつづける物質がゴールドなのです。ゴールドやプラチナやシルバーなどの貴金属類を除いた、銅や鉄やアルミといった金属は、みな酸素と結合して酸化していきます。つまり錆びます。銅と錫《すず》の合金である青銅も、何百年も経つと錆びて最後には土に還っていきます。

大橋　みな朽ちてしまうのですね。

池水　ところがゴールドだけは朽ちないのです。つまり酸化しない。ゴールドという物質は自然界に存在する、あらゆる物質と化学反応しないのです。ゴールド以外の物質が何らかの化学反応により他の物質と結合するのに対して、ゴールドつまりAuという元素は何の化学反応もせず、そのままの形で残りつづける。これがゴールドの特徴であり、特別な性質なのです。

先ほどのツタンカーメン王のマスクが３０００年以上経っているのに、そのままの輝き、そのままの形を保っているのもゴールド製だからです。

大橋　海賊に襲われて海底に沈んだ船の中にも、ゴールドがそのまま残っていることがあります。そのため沈没船の中に、金塊がたくさん眠っているという噂や伝説も多数ありますね。ゴールド以外の金属であれば、海中で腐食して形もなくなりますが、ゴールドはそのまま残っているのです。

池水　海水は塩分が強いので、ゴールド以外の金属はすぐに酸化してしまいます。しかもゴールドは火事で焼失することもありません。溶けることはあっても、燃えて灰にはならないからです。ゴールドの融点はそれほど高くなく、１０６４度で溶けて液体化します。薪の炎でもゴールドを溶かすことができます。

大橋　ゴールドが溶けたとしても、なくなるわけではありません。液体化したゴールドを加工して、固形に戻すこともできます。ゴールドは溶けるから、いろいろ加工する際も便利です。

池水　１９９５年の阪神・淡路大震災のとき、火災に襲われ家の金庫を置いたまま逃げた人の話を聞きました。火災が収まったのち金庫の鍵を開けたら、中の紙幣は高熱で灰になっていましたが、ゴールドは溶けて崩れた状態で残っていたそうです。

この崩れたゴールドを地金商に持っていけば、地金商が直してくれます。火災に強いこともゴールドの価値の一つです。

大橋　紙幣はただの紙だから焼けてしまえば終わりです。

池水　ゴールドの価値には希少性もあります。鉄や銅に比べると、ゴールドの希少性ははるかに高い。また永続性があるため、自分が死んでも子どもが死んでも孫が死んでも、何世代に渡ってずっと持ちつづけることができます。富や財を永続的に継承できるものとして、ゴールドに勝るものはないのです。それがゴールドの最大の魅力であり、昔の人もこのことに気付いていたと思います。

暗号資産と比較されるゴールド

大橋　近年、ビットコインをはじめとした暗号資産が登場したとき、一時はゴールドよりも大きく値上がりし注目を集めました。とくにビットコインは「デジタルゴールド」ともいわれ、「ゴールドの時代は終わるのではないか」というムードさえありました。

しかし、世界の中央銀行が保有する外貨準備の中に暗号資産は含まれていません。また、ゴールドが比較的安定的なパフォーマンスを実現していますが、暗号資産は値上がりも大きい反面、下落する時の値幅も大きい。安全資産としてポートフォリオに組み込むならゴールドのほうが安定していることは明らかです。

そもそも暗号資産は、電気がなければ使えません。電源がなければ決済もできず、通貨として使えない。一方ゴールドは電気がなくても持ち運べるし、売買できます。この物質としてのゴールドの普遍的な価値に、多くの人が気づきはじめていると思います。

池水　１９７０年代、ベトナム戦争後にベトナムからボートピープルといわれる多くの難民が海外へ亡命しました。このときボートに乗るための費用が、ゴールド１００グラムのバーといわれていました。ゴールドさえあれば亡命も可能だったのです。

ゴールドのバーといえば、スイスバンク（スイス銀行）の「3キー・バー」を思い出します。かつてスイスにはスイスバンク、ＵＢＳ、クレディスイスという三つの大きな銀行がありました。１９９０年代に三行は統合され、いまはＵＢＳ一行になっています。ＵＢＳの銀行ロゴはスイスバンクの銀行ロゴを継承したもので、三つのゴールドの鍵が組み合わさっています。「ゴールドこそすべて」といわんばかりです。

かつてベトナムのボートピープルにとっては、ゴールドのバーを用意することが、国を抜け出して他国へ逃れるために必要な手段でした。もし21世紀にどこかの国で同じようなボートピープルが発生しても、ビットコインは役に立たないでしょう。

大橋　治安が乱れたり、混乱している国で価値を持つのはデジタル通貨でなく、やはりゴールドです。ゴールドの価値は世界共通で認識されていますから。

池水　世界中で認められているということは、全人類に認められているということです。アメリカでも日本でも中国でもロシアでも、同じです。世界中で認められるゴールドに匹敵するものは、世界のどこにもありません。

大橋　お金、つまり通貨だと、その通貨を発行している国のリスクがどうしても伴います。たとえば日本人が海外で「1億円用意したから海外に逃がしてくれ」と言っても、「いま日本は経済危機でしょう。円なんか要らないよ」と断られることだって考えられます。結局、ゴールドが一番なのです。

通貨に対する不信感もゴールドの価値を高めている

池水　通貨に対する信頼は、通貨を発行する国への信頼そのものです。その信頼が永続的に続くか否かを考えたとき、一つの国の通貨が永続的に価値を認められてきたことはありません。

歴史を振り返ると16世紀、スペインとポルトガルが世界の交易の覇権を握った時代がありました。17世紀にはオランダが交易の覇権を奪い取り、18世紀から19世紀にかけては新たにイギリスの覇権の時代になります。そして20世紀はアメリカの覇権の時代となったように、覇権を握る国は交代を繰り返し、国には浮き沈みがあります。その国が沈めば、その国の通貨の価値は大きく下がります。

一方ゴールドは5000年も永続的に、その価値が認められています。ゴールドと通貨では歴史の重みがまったく違います。ゴールドが資産として歴史的に極めて高く評価されつづけてきたのに対し、通貨の価値は一時的なものです。ビットコインに至っては十数年の歴史しかありません。

アメリカ・ドルとゴールドの関係で考えると、1971年までアメリカは「金ドル本位制」を採用し、ドルはゴールドに裏打ちされた通貨でした。アメリカ政府は「金1トロイオンスと35ドルが交換できる」と保証していました。

大橋　これはブレトン・ウッズ体制ともいわれます。ブレトン・ウッズ体制は、ゴールドとドルの交換を固定化した固定相場制です。当時は日本円とドルも、1ドル＝360円で固定されていました。

池水　ブレトン・ウッズ体制は、１９４４年にアメリカ・ニューハンプシャー州のブレトン・ウッズで開かれた連合国44カ国による代表会議から始まります。この場で国際通貨基金（ＩＭＦ）の設立が合意されます。その後、ＧＡＴＴ（関税ならびに貿易に関する一般協定）も調印され、ＩＭＦ・ＧＡＴＴ体制、つまりブレトン・ウッズ体制がドルを基軸通貨として機能させました。

大橋　ちなみに1トロイオンスは、グラムに換算すると約31・１グラムです。日本ではあまり馴染みのない単位ですが、少し説明すると欧米のヤード・ポンド法には三つの「オンス」があります。「常用オンス」「トロイオンス」「薬用オンス」です。

池水　たんに「オンス」というときは常用オンスを指し、1常用オンスは約28・３グラムです。薬品の重さを量るときに使うのが「薬用オンス」で、1薬用オンスは約31・１グラムです。

一方、貴金属や宝飾品の重さを量るときの単位が「トロイオンス」で、1トロイオンスは約31・１グラムです。トロイオンスの「トロイ」は、フランスの古都トロワに由来します。トロワにはかつてゴールドの中心的な市場があり、トロワの英語名がトロイです。

話を元に戻すと、世界は１９４４年以降ブレトン・ウッズ体制を続けてきましたが、１９７１年に大事件が起きます。アメリカのリチャード・ニクソン大統領が、突如ドルとゴールドの交換停止を宣言したのです。

第2次世界大戦後アメリカは2万トンのゴールドを保有していましたが、１９７１年に至るまでの間に８１３４トンまでその保有量は減少していました。朝鮮戦争やベトナム戦争の費用を調達するためにドルをどんどん刷った結果、ドル価値下落を愁いた西欧諸国が、彼らが貿易で受け取ったドルをアメリカに持ち込みゴールドを引き出したからです。アメリカは以後、ドルとゴールドの固定相場制を放棄したのです。

大橋　これが有名なニクソン・ショックです。この事件により日本の高度成長時代の終わりが見えました。ニクソン・ショック以降、すべての通貨とゴールドは無関係になりました。どの国も自分たちが刷りたいだけ紙幣を発行できるようになり、すべての紙幣がゴールドと交換できない「不換通貨」になったのです。

池水　不換通貨を英語で「フィアットマネー」といいます。ゴールドと交換できない不換通貨となったとき、その通貨の価値をどうやって担保するかといえば、たとえばアメリカ・ドルであれば、アメリカの経済力以外にありません。つまりアメリカの経済力を信じられるかどうかです。

アメリカの経済力が揺らげば、ドルの価値もぐらつきます。現在アメリカ・ドルの価値がぐらついているから、ゴールドが脚光を浴びているのです。通貨に対する信頼が薄らいでいったとき、普遍的な価値そのものであるゴールドに目が向くのです。

ドルは、しょせん紙切れです。ゴールドはそのもの自体に大きな価値、つまり内在価値があります。いまは内在価値があるものを、みんな買いたがっているのです。

通貨の供給量が増えるほど、ゴールドの価値は上がる

池水　１９７１年のニクソン・ショックのあと、為替相場を再調整したスミソニアン体制が発足します。これにより固定相場制を維持しようとしましたが、結局これも崩壊しました。１９７３年から変動相場制に移行し、それぞれの国の経済力や通貨に対する需要と供給により為替相場が決まるようになりました。これが現在まで続いているのです。

大橋　通貨供給量は、国家の経済成長とともに膨張しています。好景気であれば信用創造によって通貨供給量が増えていくのです。また、国家が大きな災害や経済危機に陥った

時に、市場への通貨供給量を増やすことで「信用リスクの高まりを防ぐ」ということも繰り返されてきました。通貨供給は、紙幣（マネー）を刷るとも表現されます。

記憶に新しいところでは、２００８年のリーマンショック。このアメリカ発の金融危機時、米ドルの通貨供給量が大きく増えましたが、２０２０年に始まった新型コロナウイルス蔓延による経済低迷の際は、米国だけではなく世界が財政支出を拡大させました。世界の通貨供給量は爆発的に膨張しています。

アメリカに限らず、経済が停滞すると景気刺激策として紙幣を刷って家計に配ることが常態化しています。家計に直接現金が配られることで、国民の購買力が上がり、経済が刺激され、経済が復活していく。このような循環が当たり前の社会になっています。その結果、世界中に流通する通貨の量は、ウナギ登りに上がっています。基軸通貨であるドルだけでなく、どの国も同じ状況です。

通貨の流通量が増えるということは、通貨の価値が下がっていくことでもあります。そのため通貨への信任は弱くなっています。

一方ゴールドは、毎年３５００〜３６００トン程度採掘されています。つねに一定の供給量があります。しかし、いくらでも採掘できるわけではないので、全世界におけるゴー

図表1-1 アメリカの通貨供給量とゴールド価格

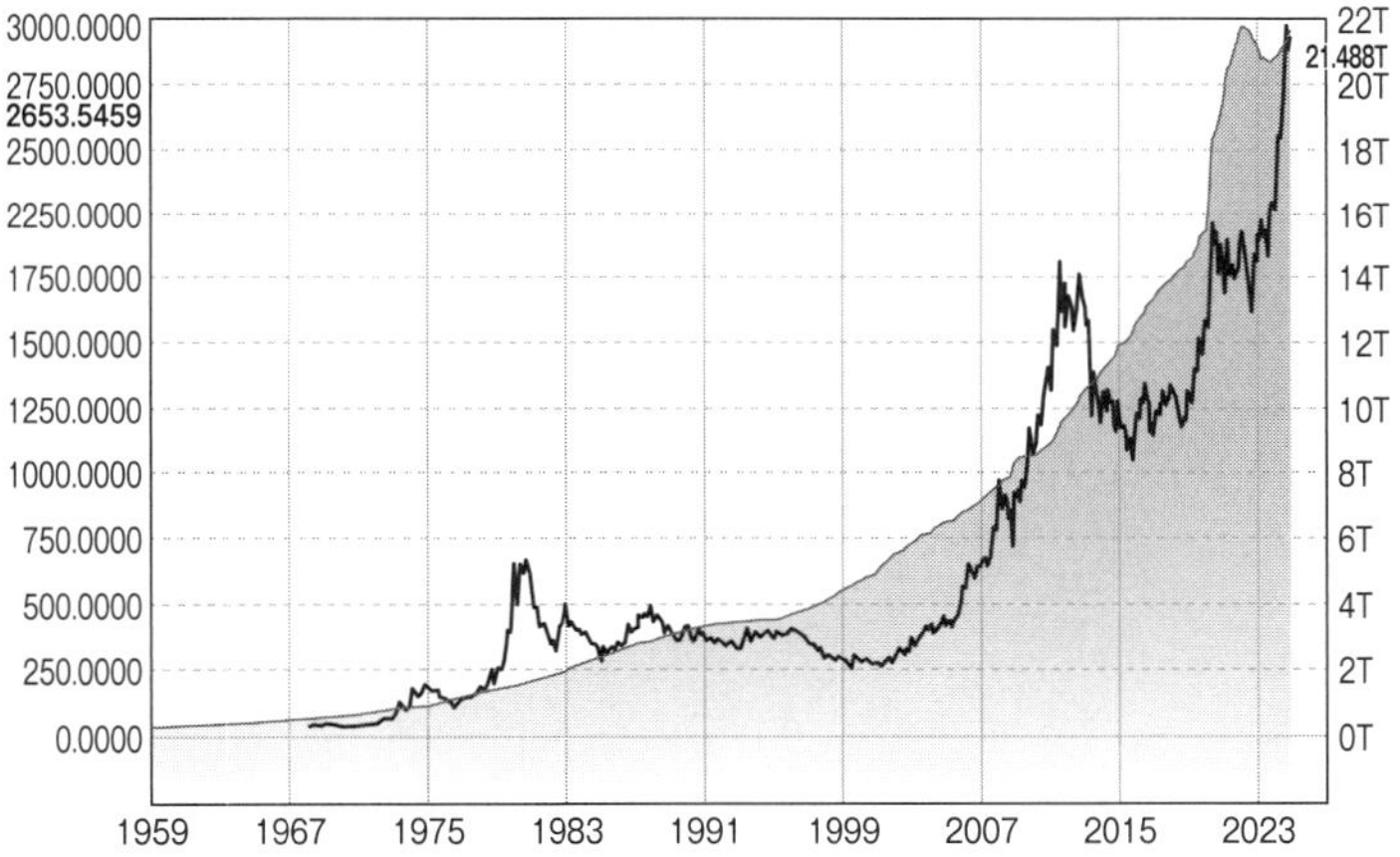

出所：LSEG 2005

ルドの流通量はそれほど変化しません。だから毎年採掘して世界に供給されていても、ゴールドの価値はそれほど毀損されないのです。これは通貨の価値が下がるほど、ゴールドの価値が上がることにもつながります。

この通貨とゴールドの関係は、今後も変わらないでしょう。なぜなら今後、国家が通貨の供給量を絞り、紙幣を国民から回収することはありえないからです。経済がクラッシュしそうになったり、低迷が止まらなかったりするたびに、国家は紙幣をばらまきつづけるでしょう。通貨の流通量はこれからさらに膨張しつづけ、ゴールドの価値は上がりつづけるのです。これは自然な流れです。

池水　ニクソン・ショックから今日に至る

まで、アメリカの通貨流通量は37倍にもなっています。ニクソン・ショックまで金1トロイオンスは35ドルでしたが、現在は2700ドルぐらいになっています。
つまりゴールドに対するドルの価値は、約80分の1程度になっているのです。逆にいえばゴールドの価値は、ニクソン・ショックの頃に比べて80倍になっています。

大橋　そこから「資本主義はいずれ崩壊する」という人もいます。実際このままで大丈夫かと思うぐらい、世界のマネーは膨張しています。

池水　いまの経済体制を考えると、そうなるのは仕方ないことです。先ほど大橋さんが言われたように、これから各国が通貨の流通量を減らしていくことは、たぶんありません。そんなことをすれば経済をシャットダウンさせるのと同じだからです。自国の経済を崩壊させるなど、どの政治家もできません。

毎年2％のインフレ目標もゴールドの価値を上げている

大橋　いま先進国では毎年2％ずつインフレにするという、インフレターゲット政策が採られています。毎年2％ずつ、物価を上げるということです。物価が2％上がるということは、毎年２％ずつ通貨の価値が下がっていくということです。

インフレターゲット政策とゴールドに直接の関係はありません。ただしゴールドと通貨の関係を考えれば、毎年２％ずつ通貨価値が減るなら、ゴールドの価値は２％ずつ上昇しても不思議ではありません。

池水　昨今のゴールドの価値は２％上昇という軽いものではなく、もっと凄い勢いで上がっています。２０２４年初頭から末までに30％ぐらい上がっています。

その背景にあるのが国の金融政策です。インフレターゲット政策を実現させるための、各国の金融緩和もゴールド相場を上昇させています。金融緩和により各国の中央銀行は市場に資金をどんどん供給し、金融緩和の進展とともにゴールド価格も上昇しています。

金融緩和による過剰流動性は、インフレの温床ともなります。これがゴールド相場に、いよいよ勢いをつけさせています。

こうした状況が今後も続くなら、さらにゴールドの価値は上がります。ゴールド１グラムが１万４０００円ぐらいする現在、「こんなに高くては、とても金なんて買えない」と言う人がいます。だけど「高くて買えない」というセリフは、１グラムが２５００円だった時代にも言われていました。８０００円に上がった時代にも、やはり多くの人がそう言っていました。
1グラムが8000円の時代にゴールドを持っていた人には、「十分儲けたから」と売ってしまった人も少なくありません。しかし8000円で売った人は、ゴールドが1万2000円になったとき、もう買うことはできません。だから私は「ゴールドは売ったらおしまい」とつねづね言っています。

大橋　昔のゴールドの値段を知っている人ほど、ゴールドが高くなると「もう買えない」と思ってしまうのです。

池水　でもいま述べた状況を考えれば、ゴールドの値はまだまだ上がります。

ドルがリスク資産になればゴールド買いに走る国が増える

大橋　先ほど通貨の歴史の中で、覇権を取りつづけてきた国はないという話がありました。このことはアメリカにも通じるように思います。20世紀半ば以降、磐石のように思われてきたアメリカのドルですが、ここ1～2年で危うくなっていると言われはじめています。

そこには国際情勢が大きく働いています。２０２２年のロシアによるウクライナ侵攻以降、欧米とロシアの対立が先鋭化しています。太平洋を挟んでアメリカと中国の対立も深刻化しています。これはアメリカとＢＲＩＣＳ諸国の対立でもあります。この対立下にあってＢＲＩＣＳ諸国は、ドルを基軸通貨とする体制からの脱却を狙いはじめているのです。

池水　アメリカのドル基軸体制を支えているのは、原油をはじめとする国際商品の取引にはドルが使われているからでもあります。そのためドルは石油を意味するペトロリアムをとって「ペトロダラー」とも呼ばれます。加えてアメリカのゴールド保有量が８１３３トンと圧倒的に多いことも、ドルの基軸体制を支える一つの要因です。

大橋　アメリカのドル基軸体制が不動の時代は、多くの国の資産の中でアメリカ・ドルが最も信頼できるものです。アメリカに警戒されている中国やロシアも、ドルを資産として保有してきました。

大きく事態が動いたのがロシアのウクライナ侵攻です。米国はロシアへの制裁として、ロシア中央銀行が保有する外貨準備のドル資産へのアクセスを制限。さらに欧米諸国が連携し、ロシアの一部銀行をＳＷＩＦＴ（国際決済システム）から排除し、ドル決済へのアクセスを遮断しました。ドルを「ウェポナイゼーション（武器化）」したのです。

ロシア政府と企業は、ドル建ての国債や企業債務の支払いに必要なドル資金調達ができず、デフォルトリスクにさらされました。

アメリカがドルを武器にできたのは、ドルが基軸通貨だからです。ドル基軸通貨体制から切り離されれば、いかに苦境に立つかを思い知らせようと、アメリカはドルを国際政治のカードにしたのです。

このドルの武器化は、ＢＲＩＣＳをはじめ新興国に強烈なインパクトを与えました。新興国が資産としてドルを持っていても、アメリカに敵対視されれば、保有しているドルが無効化される可能性がある。実際アメリカから経済制裁を受けている中国やロシアにとって、現在保有しているドルは資産でなく、リスク資産になっています。

そこからＢＲＩＣＳが考えはじめたのが、ドル基軸通貨体制からの脱却です。すぐにドル基軸体制が終わるとは思いませんが、近年、世界の中央銀行のドル資産保有比率は低下していることは確かです。

池水　アメリカがドルを武器化したことでＢＲＩＣＳ、とくに中国とロシアは持っているドルが負債化しています。そこからロシアも中国も保有するアメリカ国債をどんどん売りだしています。その売った金で何を買っているかというと、ゴールドです。

大橋　とくにロシアはウクライナ侵攻以前、２０１４年のクリミア半島併合の時点からアメリカ国債を減らしています。これは、ウクライナ侵攻後の制裁を予期しての計画的なものだったとも考えられます。

池水　この頃ロシアの中央銀行総裁が、アメリカ国債を売ってゴールドを買うと明言しています。当時ロシアの外貨準備高におけるゴールドの割合は５％程度に過ぎませんでした。それがアメリカ国債を売ってゴールドを買いつづけた結果、ロシアの外貨準備高に占めるゴールドの割合は20％超になっているのです。

一方の中国も２０２３年、２０２４年とゴールドを大量に買っています。中国は世界で最もゴールドを保有している国ですが、外貨準備高に占める割合でいえば４％程度に過ぎません。

中国の外貨準備高は３００兆〜４００兆ドルになります。現在の４％を数パーセント上げるだけで、多くのゴールドが中国に流入することになります。実際、中国は虎視眈々とゴールドを買い進めています。中国が外貨準備高に占めるゴールドの割合を10％、さらに20％と上げていけば、世界に相当なインパクトを与えます。

大橋　中国やロシアにとってユーロや円は、ドルに代わる資産にはなりえません。ユーロも円も、アメリカを頂点とする西側諸国の通貨だからです。だからといって中国が自国通貨の人民元を大量に刷ったところで、国際的に通用する資産にはなりません。そうしたなか、一番信頼できる資産となると、やはりゴールドなのです。

池水　通貨には強い政治色があります。一方ゴールドには何の政治色もありません。東側諸国も西側諸国もゴールドには高い信頼を置いています。

例外は日本で、アメリカの政治色に染まっているためか、ゴールドへの熱はさほど高くありません。アメリカとの関係を損ねたくない日本にとって、アメリカ国債を売ってゴールドを買う選択肢はないのです。

大橋　日本は国家として、積極的に米国債（ドル）を売却することを表明できませんね。しかし、財務省や日銀ＯＢらが退官した後、「ゴールドを買いたい」と相談してくる、というエピソードを耳にすることがあります。国家としてゴールドの保有量を増やすことはできなくても、官僚らも個人としてはゴールド保有に魅力を感じているのです。

池水　有名なのは元ＦＲＢ（連邦準備理事会）議長アラン・グリーンスパンのエピソードです。彼は講演料をドルではなく、ゴールドで受け取ることを望んだという話は有名です。

大橋　講演料をドルで受け取ったら、何年経ってもドルの価値はそのままです。ゴールドなら価値が上がると考えているのでしょう。

池水　インフレ下なら、ドルの価値は下がります。数年後には受け取ったドルの価値は、むしろ下がっているわけですね。

変化しだした日本人のゴールドへの意識

池水　ゴールド価格が低迷していた１９８０年代、１９９０年代の日本人はゴールドの「バーゲンハンター」のようにいわれていました。円建てのゴールド価格が下がるほど、地金商の店頭にゴールド買いの客が並んだからです。

その後２００３年頃からゴールドの価格が急激に上昇しだすと、今度は猛烈な勢いでゴールドを売り、利益を確保しようとしました。安いときに買い、少し高くなったら売るという発想です。

大橋　ただ21世紀になって日本人のゴールドに対する考えが、少しずつ変わってきています。これまで日本人は「逆張り」の傾向が強く、ゴールドの相場が上がると、家にあるゴールドをかき集めて売っていました。ところがいまはゴールドの値が上がっているのに、さらにゴールドを買い求める人が増えています。ゴールドが高くなればさらに買う、欧米型の「順張り」スタイルに変わっているのです。

池水　「下がったときに買い、上がったら売る」という日本人の感覚は、まっとうともいえます。アジア人も日本人と同じで、ゴールドが値下がりすると買ってきました。一方、欧米の投資家は逆です。「トレンドフォロワー」といい、上がりはじめるとどんどん買います。買いが買いを呼び、さらに価格が上がるという構図です。

ただし2012年頃から日本人も、上がり基調でのゴールド売りは少なくなっていきます。確かにゴールドに対する日本人の方向性が変わってきたのを感じます。

大橋　とくに近年の日本は、長く続いたデフレがようやく収束し、インフレに進もうとしています。そこに気付いている人はキャッシュをゴールドに換えています。

2030年にゴールド1グラムは2万4000円になる

大橋　高騰を続けているゴールドの価格ですが、どれぐらいまで上がりつづけると思いますか？

池水　ゴールドの価格は永遠に上がると考えています。「ここまで」というリミットはなく、人間社会が続くかぎり、ゴールドの価格は上がっていきます。

私見では２０３０年には１トロイオンスが５０００ドル近くになっていると考えています。２０２４年初頭が２０００ドル程度でしたから、あと5年でゴールド価格が２・５倍になる計算です。

大橋　確かに２０２４年初頭に２０００ドル程度だったものが、２０２４年の終わり頃には３０００ドルに達しようとしています。１年で１０００ドル近く上がったことを考えると、２０３０年に５０００ドル近くになっても不思議ではありません。

池水　為替の問題もありますが、２０３０年の為替が１ドル＝１５０円だったとして、２０３０年にはゴールド１グラムが2万４０００円になるわけです。

大橋　１キロなら２４００万円です。かつて私たちが一緒にゴールドを買ったときは、１キロが４００万円でした。

池水　２０２４年を通じて、一番値上がりした金融商品がココアです。二番目がコーヒー、三番目がオレンジジュース、四番目がゴールド、それに日本とアメリカの株価指数が続きその次に来るのがシルバーでした。

大橋　ココアやオレンジジュースというのは気候変動、悪天候による供給障害の影響です。シルバーはゴールドとの相関が強い貴金属でゴールドより価格変動が大きい特徴があります。

これらを除くとゴールドが２０２４年の最大のパフォーマンスを上げた金融商品ということになりますね。ゴールド価格の上昇は、世界が不安定化していることの象徴でもあります。

池水　確かにゴールド価格が上がるのは、国際情勢があまりよくない状況でもあります。いままさに「有事のゴールド」というセオリーが当たっています。

これだけ世界が不安定化し、先進国の債務が膨れ上がっていくと、ブラックマンデーのような衝撃、さらには世界恐慌のような事態が起こるかもしれません。このとき株は大暴落となります。すべては売られ、ゴールドも最初のうちは売られるでしょう。とはいえ、すぐに安定を取り戻すのはゴールドです。

大橋　ゴールドは金融市場にショックが起きた際の資金の逃避先で、安全資産としての役割を担っているのです。

役に立たない貴金属ゴールドが、役に立つ貴金属プラチナより高価な理由

池水　貴金属にはゴールド以外にもシルバー、プラチナ、パラジウムなどがあります。その貴金属の中でも、ゴールドは非常に特殊です。どこが特殊かというと、その需要にあります。

ゴールド以外の貴金属は、加工用の需要が多くあります。これに対してゴールドの加工用需要は７％ぐらいしかありません。

大橋　ゴールドの産業用需要は、極めて少ないということです。その意味でゴールドは世の中の「役に立たない」貴金属なのです。

ゴールドの需要全体の45％を占めるのは、宝飾品です。この宝飾品需要が全体の半分近くを占め、続いて地金やコインという現物投資需要が25％を占めます。そして中央銀行などの公的機関の購入が22％です。

このデータが示すように、ゴールドは何かに使うのではなく、そのままの形で持つだけ

図表1-2 ゴールド需要2024年予想

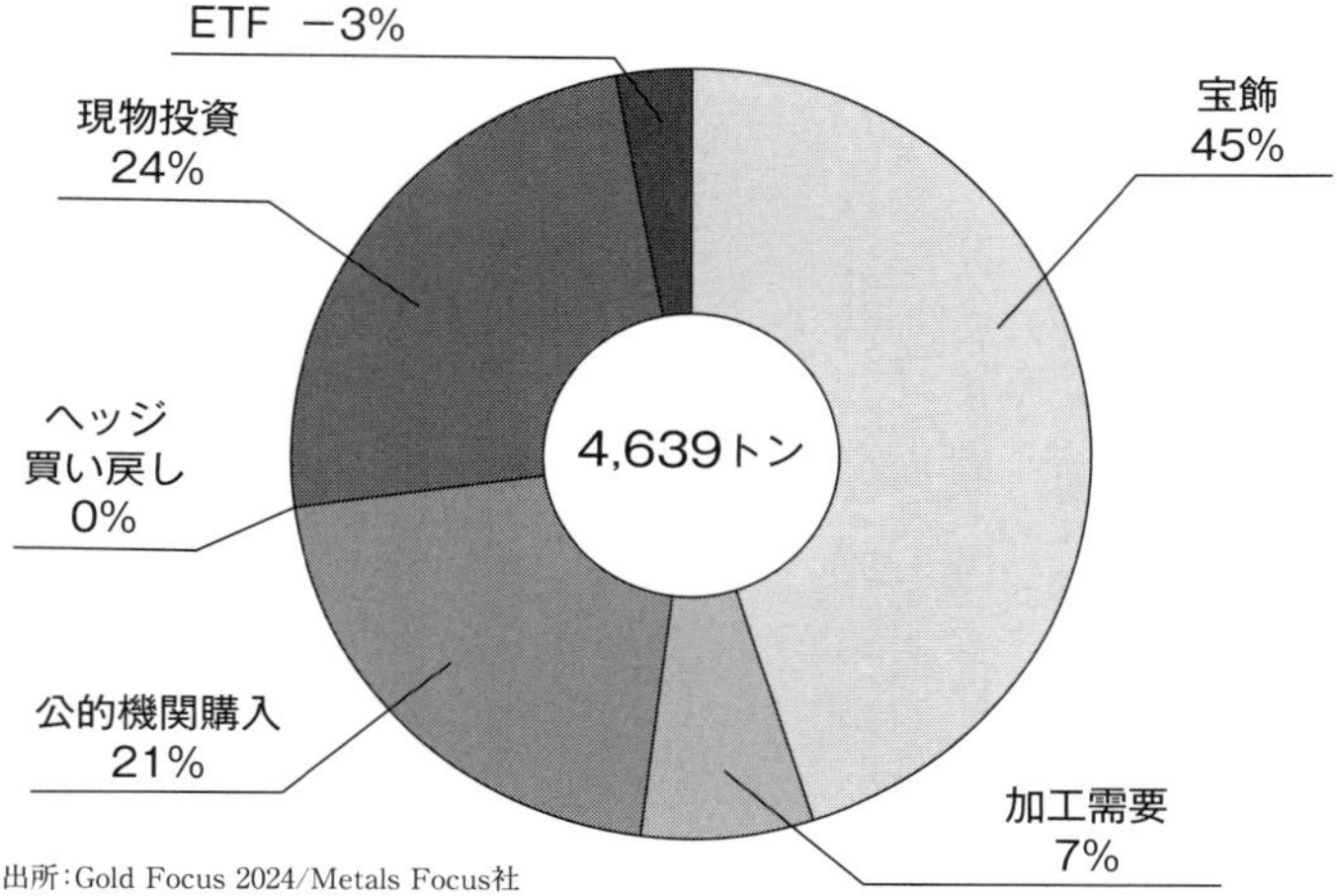

出所：Gold Focus 2024/Metals Focus社

の貴金属です。ゴールドは保有用のメタルなのです。

池水　需要全体の45%を占める宝飾品も、じつは投資目的です。中国やインドの人たちの多くは、純金の宝飾品を買い求めます。彼らの感覚では、地金を買っているのと同じなのです。

大橋　逆にプラチナの場合、産業用と宝飾品用で需要全体の9割を占めています。そう見ていくと、ゴールドはじつに特殊です。世界の役に立っているわけではありません。たんに「高価なゴールドを欲しい」という人間の気持ちが、ゴールドの需要の大半を成り立たせているのです。

ゴールドさえ持っていれば、つねに安心で

きる。ゴールドを持っていれば、何かあっても大丈夫。ゴールドには人をそのような気持ちにさせる力があります。これはプラチナやシルバーにはないものです。

池水　現在ゴールドは最も高価な貴金属になっています。実際にはシルバーやプラチナのほうが活用できるのに、ゴールドより価値が低いと見なされているのです。

大橋　環境問題における活用という点でいえば、シルバーは太陽光パネルにも使われています。プラチナは空気を清浄化するために使われる貴金属で、排気ガス中の二酸化炭素を削減するための触媒にも使われています。

そのように役に立つ貴金属であるプラチナやシルバーよりも、ゴールドの価格が圧倒的に高いという現実が、ゴールドの不思議な力を象徴しているのです。

第2章

ゴールドとは何か

大量のドルをゴールドに換えていった西側諸国

池水　1章では近年のゴールドの急騰に関連して、ゴールドの価値や魅力について述べてきました。2章ではさらに掘り下げ、ゴールドの歴史的立ち位置や、その変遷について議論していきたいと思います。

1章でも述べたように、ロシアや中国は外貨準備高におけるゴールドの割合を増やしています。ロシアでは外貨準備高におけるゴールドの割合は20％を超えましたが、じつは昔からそれ以上の割合で保有してきた国があります。ドイツやイタリアなど西欧諸国です。ドイツの場合、ゴールドが外貨準備高の86％程度を占めます。

欧米諸国で外貨準備高にゴールドをどれほど組み込むか、組み込まないかについては、アメリカのみが例外です。アメリカは自分で好きなだけドルを刷れるからです。だからアメリカの外貨準備高におけるゴールドの割合は低いのですが、西欧諸国は外貨準備高に占めるゴールドの占める比率が高いのです。

大橋　ゴールドの外貨準備高に占める割合が多いのは、西欧諸国が歴史的にゴールドを

図表2-1 公式金準備高トップ10(2023年末)

	金準備高（トン）	全準備金に占める金の割合
アメリカ	8,134	94%
ドイツ	3,353	86%
IMF	2,814	na
イタリア	2,452	77%
フランス	2,437	85%
ロシア	2,333	27%
中国	2,235	4%
スイス	1,040	8%
日本	846	5%
インド	804	9%
合計	**35,786**	

出所：IMF、BIS、各中央銀行

掠奪してきたからでしょうか？

池水　いえ、西欧諸国の外貨準備高でゴールドが増えるのは、第２次世界大戦後です。１章で述べたようにアメリカは１９４４年のブレトン・ウッズ体制以降、ゴールドとドルの交換を保証してきました。

ブレトン・ウッズ体制は、１９７１年のニクソン・ショックまで続きます。その間、誰がブレトン・ウッズ体制を最も利用したかというと、ドイツ、スイス、フランス、イタリアなどの西欧諸国です。

アメリカは１９５０年代に朝鮮戦争を戦い、１９６０年代から１９７０年代にかけてベトナム戦争に苦しみました。アメリカは戦費調達のため、どんどんドルを刷りましたが、そのドルが滞留していったのが西欧諸国でした。当時ヨーロッパにあるドルを「ユーロドル」といっていたほどです。

ユーロドルはいまの通貨・ユーロとは何の関係もありませんが、西欧諸国は大量にドルを保有していたのです。ではその先、西欧諸国が保有しているドルをどうしたか。

西欧諸国は自ら手にしているドルの価値が、いずれ下がると見ていました。というのもアメリカが乱暴なまでにドルを刷っているのを見ていたからです。実際、1960年を越える頃にはアメリカの保有するゴールドの量は急速に減少し、もはや流通するドルすべてをゴールドに交換するのは不可能になっていたことが認識されました。

そのため西欧諸国は、早めに手持ちのドルをアメリカに持ち込み、ゴールドと交換していくという行動をとり、それがよりアメリカのゴールド保有量の減少に拍車をかけたのです。

大橋　1トロイオンスのゴールドが35ドルで固定化されていた時代ですね。ここで西欧諸国はドルをゴールドに換え、儲けようとしたわけです。

池水　第2次世界大戦が終わった1945年頃の時点で、アメリカは約2万トンのゴールドを保有していました。これがいかに膨大な量であるかというと、当時、世界中のゴールドをすべて合わせても３万トンの時代でした。そのうちの２万トンをアメリカが保有していたのです。アメリカは圧倒的なゴールドの保有を背景に、ドルとゴールドを交換できる体制を維持していたのです。

このアメリカのドルとゴールドの体制は、いまから考えても、じつに太っ腹な政策です。「ドルを持ってきたら、誰でもゴールドに交換してあげる。さあ来なさい」と言っているようなものです。それをいいことに西欧諸国がドルをゴールドにどんどん換えていったのです。

アメリカが持っていたゴールドが、ドイツやフランス、イタリアに持っていかれたのです。そのためアメリカに２万トンあったゴールドは、１９７１年の時点で８１３４トンにまで減ってしまいました。

大橋　なんと、半分以下になった！

池水　結局、手持ちのゴールドが８１３４トンまで減ったときに、ニクソン大統領はゴールドとドルの交換を停止します。アメリカには保有しているゴールドの額以上のドルを刷ってはいけないという決まりがありました。ところがゴールドが激減したため、ゴールドとドルの発行量のバランスがとれなくなった。その状態に耐えられなくなって起きたのがニクソン・ショックでした。

植民地から大量のゴールドを持ち帰っていたイギリス

大橋　ここで不思議なのが、１９４５年の時点でアメリカが2万トンものゴールドを保有していたことです。なぜアメリカに、それほどのゴールドがあったのでしょうか？

池水　アメリカは第１次世界大戦、第２次世界大戦を通じて、ヨーロッパ相手に稼いできました。第１次世界大戦でも第２次世界大戦でも、アメリカは途中まで戦争の蚊帳の外にいました。一方でヨーロッパに軍事物資や食糧を売り、莫大な支払いを得ていました。

さらに第2次世界大戦に勝利し、覇権国になっていく過程で膨大な量のゴールドを得るようになったのです。

大橋　アメリカは「武器商人」をしながら、ゴールドを溜め込んできたのですね。

池水　二つの世界大戦を通じて、ヨーロッパ諸国は国力を著しく下げました。一方アメリカはイギリスに代わって覇権国になるほどに国力を上げ、ヨーロッパからゴールドを吸い取っていった。ゴールドがそれまでの覇権国から、新たな覇権国へと流れていったのです。

大橋　アメリカが覇権国になる前は、覇権国だったイギリスに多くのゴールドが集まっていたのですね。

池水　イギリスの前の経済覇権国はオランダで、オランダの前はスペインです。それぞれ覇権国時代には、多くのゴールドを持っていました。

大橋　西欧諸国の歴史は、覇権国が多くのゴールドを独占してきた歴史ですか……。

池水　とくにイギリスの場合、通商によってゴールドを得るだけでなく、ゴールドの採れる国を植民地にしてゴールドを得てきました。

イギリス自体には金鉱山はどこにもありません。イギリスは南アフリカ、アメリカ、カナダ、オーストラリアという金産出国を植民地化し、ゴールドを本国に持ち帰っていました。首都ロンドンではゴールドの取引が繰り返され、ロンドンはゴールド集散のハブとなっていました。そうした歴史があるため、ロンドンはいまだ、ゴールドの一大マーケットです。

大橋　イギリスはゴールドを求めて、植民地を数多く持つようになったということでしょうか。

池水　イギリスが求めたのは必ずしもゴールドのみではありません。もともとイギリスは植民地から砂糖や生糸を搾取し、ヨーロッパに運ぶことによって栄えてきました。イギリスは植民地経営で潤い、大帝国となったからイギリスにゴールドが集まったのです。ただし南アフリカに対しては、最初からゴールドとダイヤモンド狙いで、イギリスはそのために戦争（ボーア戦争）まで起こしています。

かつて「持っているだけで損をする資産」だったゴールド

大橋　いまのお話で興味深いのは、ゴールドが西側に集まるのが当然だった時代が続いてきたということです。それがいま静かにゴールドの流れが西側から東側へとシフトしています。新興国がゴールド買いを増やす一方、西側先進国の中央銀行はゴールドをそれほど増やしていません。世界各国の中央銀行が保有するゴールドの総量のうち、新興国の保有比率が上がっています。

池水　いまドイツ、フランス、イタリア、スイス、イギリスといった西側の国々の中央銀行は、ゴールドに関して何もしていません。これはゴールド価格が一時的に低迷していた歴史が影響しています。

私がゴールドのトレーダーをしていた１９８０年代から２０００年代にかけて、じつはヨーロッパの中央銀行はどこもゴールドの売り手でした。当時の私のイメージでは中央銀行がゴールドを買うことはなく、手持ちのゴールドを売ってばかりでした。

大橋　ゴールドを持っているよりもドルや株を動かしたほうが儲かるから、ゴールドを売って、株やアメリカ国債に資産を移す時代だったのですね。しかもヨーロッパの中央銀行は先ほど言われたように、もともとゴールドを多く保有していたから、買うのではなく、売る側だった。

池水　当時は国のポートフォリオ（金融資産の組み合わせ）として、ゴールドには低い評価しかしていませんでした。ゴールドは金利を生むには生みますが、０・５％程度と話にならないほどの低金利だからです。これがアメリカ国債なら、年利５％ぐらいで回りました。リスクフリーで５％の利益が見込めるわけです。

これに対してゴールドは、持っていてもほとんど利益が出ません。ゴールドの価格そのものが右肩下がりだったこともあり、「持っているだけで損をする資産」という印象がゴールドには強かったのです。

当時の中央銀行の資産運用担当者には、私と同世代もいました。すでに戦争を知らない世代ですから、ゴールドが戦争や混乱に強い資産というゴールド独自のメリットにはあまり重きを置かず、クールに資産としてのパフォーマンスを考えるなら「ゴールドを売ってドルを買う」という選択になるのです。

大橋　金利がつくほうがいいですからね。

池水　あの時代、ゴールドは何も生まなかったのです。

大橋　１９９０年代は、まさにアメリカが名実ともに唯一の覇権国となった時代でした。１９８９年にベルリンの壁が崩壊、１９９０年には東西ドイツが統一、米ソの冷戦終結が宣言され、アメリカは無敵の覇権国となりました。

１９９８年には、赤字続きだったアメリカの財政収支も黒字に転換しました。これによりアメリカ国債や基軸通貨ドルに対する信任が上昇し、欧州の中央銀行によるゴールド売却、ドル買いが続いたのです。これによりゴールド価格のさらなる低迷も起きました。

歴史的安値で大量のゴールドを売ることになったイギリス

池水　ゴールド価格が低迷していた２０００年前後に、イギリスの中央銀行が４００トンという大量のゴールドを売ったことがありました。

大橋　それも、けっこうどん底の値で売っています。

池水　ゴールド１トロイオンスが２５５ドルぐらいでした。このときイギリスは「この日とこの日に売る」とわざわざ宣言しています。「この日に何トンのゴールドを売ります。買いたい人はロンドン・フィキシングで買値を提示してください」という宣言を何度もしています。

ロンドン・フィキシングは、ロンドンで毎日午前と午後の2回行われる値決めです。競りのようなものですが、ここまではっきりした宣言自体が前代未聞でした。

そもそも中央銀行がゴールドを売るときは「売る」という素振りを見せません。私たちトレーダーもある程度の予想はしますが、リアルタイムで中央銀行の動きを把握することはできません。「どこかで売られている」と漠然と思っているうちに、ある国の中央銀行がゴールドを売却したというニュースが流れてくるのです。

大橋　なぜイギリスは、そんなことをしたのでしょうか？

池水　イギリスはジェントルマンの国ですから、事前に売り宣言することがフェアとでも思ったのでしょう。「情報公開が進んでいる国である」とアピールしたかったのかもしれません。

あるいはうまく行く自信があったのかもしれません。1回で50トンもの売りがあれば、ゴールドの価格はまず下がります。おそらく当時のゴードン・ブラウン財務相は、発表によって買い手がみなショート（空売り）し、ゴールドの値が上がることを期待したのでしょう。

けれどもイギリスがゴールドを売った日の値は下がりました。最後の競りでは1トロイオンスが255ドルという、いまの価格の10分の1で売ることになりました。これは大量のゴールドが市場に出るとわかっていることで、買い手側が動きにくくなっていたためでもあります。ブラウン財務相はこのゴールド売却について、いまだ国内で非難されています。

大橋　ほとんど底値でゴールドを売ってしまったのだから当然でしょう。当時はゴールドの値が下がる時代でしたから、いまから考えれば「なぜあのとき売ってしまったのか」という話になります。

池水　イギリス中央銀行はゴールド価格の右肩下がりの時代の一番下がったところで、

ゴールドを大量に売ってしまったのです。ただそんなことがあっても１９８０年代、１９９０年代の西側諸国は、ゴールドを売ってドルを買うことを続けていたのです。

ゴールド価格上昇の転機になった１９９９年のワシントン協定

大橋　ゴールドの価格が右肩下がりだった１９９０年代、価格上昇の転機となったのが、１９９９年の「ワシントン協定」です。ワシントン協定とは、ゴールド売却に関する制限協定です。

池水　１９９９年9月、あまりにゴールドの価格が右肩下がりだったため、ＥＣＢ（欧州中央銀行）と西欧14カ国の中央銀行の代表がワシントンに集まりました。ここでゴールドは各国の重要な準備資産であることが確認され、これ以上ゴールドの価格が下がるのを防ぐ対策が講じられました。

協定では今後5年間、「年間４００トン以上のゴールドの売却はしない」「合計２０００トンを超えないようにする」という2点が取り決められました。さらに中央銀行のゴールドの貸し出しやデリバティブ取引にも一定の制限を設けました。

大橋　多くのゴールドを保有するヨーロッパの中央銀行にとって、ゴールド価格の値下がりは保有資産の目減りを意味します。中央銀行自らがゴールドを売っていたのでは、さらにゴールド資産が目減りするので、これに歯止めをかけようというわけです。このワシントン協定によってゴールドの市場への流出が止まったため、価格が下がらなくなりました。

ワシントン協定は5年後の２００４年に更新されます。さらに２００９年には年間の売却量を縮小したうえ、参加国を増やして更新されています。ワシントン協定にはＩＭＦ（国際通貨基金）、ＢＩＳ（国際決済銀行）、アメリカ、日本も同意し、これにより世界の公的保有金の90％近くのゴールドが、この制限に含まれることになりました。

価格低迷に歯止めをかけた鉱山会社への貸し出し制限

池水　ワシントン協定ではもう一つ、中央銀行によるゴールドローンの廃止も定められました。これは、中央銀行がゴールドを貸し出すことに一定の制限を設けるというものです。ゴールドの価格低迷に歯止めをかける意味では、こちらのほうが年間４００トンの売却制限よりも大きかったように思います。そして、ゴールド価格値上がりの追い風となったのです。

大橋　中央銀行のゴールド貸し出し制限は、鉱山会社によるゴールド先物売りを抑制するためのものです。ワシントン協定がなされるまで、銀行は鉱山会社にしばしばゴールドを貸し付けることができました。

池水　なぜゴールドを採掘する鉱山会社が、わざわざゴールドを銀行から借りるのかというと、ゴールド価格の下落に対応するためです。

たとえばいまゴールドの１トロイオンスが１０００ドルだった場合、鉱山会社が採算が合うと判断するなら、ゴールドの採掘を始めます。ただし、いまから採掘を始めても、それがゴールドバーという製品になるまでには、６カ月くらいかかります。その間にゴールド相場が１トロイオンス＝８００ドルにまで下落していたら、鉱山会社は１トロイオンスあたり２００ドルの損を被ってしまいます。

半年先のゴールド価格がいくらになるかは誰もわからないので、鉱山会社は下落のリスクをヘッジしたい。それが銀行からのゴールドの借り入れです。たとえば１トロイオンス＝１０００ドルで採掘の採算が合うなら、銀行からその価格でゴールドを借り、６カ月先に返済することにするのです。

鉱山会社は借りたゴールドをそのまま市場で売却し、ゴールド売却により得た資金を運転資金とすることによってゴールドを生産します。そして6カ月後に製品化したゴールドを銀行に返却するのです。

もちろんゴールドを借りた場合も金利が発生します。銀行から借りるレートをリースレートといいます。リースレートは通常の金利よりもはるかに低く、鉱山会社にとって大きな負担になりません。そのため鉱山会社にとってゴールドローンは、便利な資金調達の手段にもなっていたのです。

ゴールドローンによって先物ヘッジをしておけば、6カ月後に1トロイオンスが500ドルまで下がっても、鉱山会社は1000ドル時代に売却しているので損しません。もしゴールドの価格が2000ドルに値上がりしていれば、鉱山会社は儲けるチャンスを逸したことになりますが、そもそもの目的はリスクヘッジなので、そこは割り切って考えています。

これは、もともと鉱山会社の経営を安定させるために開発されたオペレーションで、実際よくできた仕組みです。昔はオーストラリアの鉱山会社が私たち商社のビジネスの一大顧客で、彼らは多くのゴールドを借りては売っていました。

ただ鉱山会社のゴールド先物売りにより、市場には大量のゴールドが流入し、これが価格の低迷に結びついていました。鉱山会社が銀行から借りるゴールドは、もともと中央銀行が銀行に貸したものです。そこでワシントン協定では中央銀行のゴールド貸し出しに制限を設け、結果的に鉱山会社にゴールド先物売りをしにくくさせないようにしたのです。

この制限により鉱山会社のゴールド先物売りは、しだいに減少していきました。ゴールド市場が圧縮され、価格も上昇傾向に転じだしたのです。

大橋　ゴールド価格が下がる時代の話ですから、価格が上がりだせば鉱山会社がヘッジする必要はなくなります。それどころか、先売りしないほうがいいので、鉱山会社のヘッジ用のゴールド売りがなくなり、これもまたゴールド価格を上げることになりました。

逆にいえば価格が下がっていた時代、鉱山会社がヘッジとしてゴールドを売っていたから、さらに価格を下落させることになっていたのです。

鉱山会社のゴールド買い戻しのインパクト

大橋　鉱山会社の話には、後日談もあるそうですね。

池水　２００１年にアメリカ・ニューヨークで発生した同時多発テロにより、テロリズムの脅威を世界が知るところとなりました。これにより世界は安全ではないと認識され、安全資産であるゴールドが買われはじめました。

ただゴールド価格が上がっても鉱山会社には利益は出ません。鉱山会社は何年も先のゴールドまで過去の安い価格で先物売りしていたため、価格上昇の恩恵に預かれなかったのです。

これを不満に思ったのが、ゴールド鉱山会社の株主たちです。彼らは価格が上がっているのに、なぜ株価が上がらないのかと文句を言いだします。「株価が上がらないのは、リスクヘッジをしてきたから」と鉱山会社側は反論しますが、株主はそれで収まりません。株主代表訴訟でリスクヘッジをやめさせようとしたこともありました。

結局、株主の意向には逆らえず、鉱山会社は10年先まで売っていたゴールドの先物を買い戻していきます。それまで鉱山会社は、ゴールドの売り手でした。それが買い戻しによって一転、買い手になった。

かつての売り手が買い手に回ったことによるインパクトは絶大でした。これによりゴールドの市場は圧縮され、価格上昇の勢いが増したのです。

大橋　値動きでいえばソ連のアフガニスタン侵攻の翌１９８１年、ゴールドの１トロイオンスが８００ドルぐらいまで上がりました。その後ずっと下がり、２５０ドルぐらいまでになります。それが２０００年ぐらいから変わっていくのです。

ワシントン協定に加え、２００３年にはゴールドのＥＴＦ（上場投資信託）という新しい商品も登場しました。ゴールドのＥＴＦは、ゴールドの価格に連動する金融商品です。これらによりゴールドを取り巻く世界は劇的に変わり、ゴールドの価格も上がりだしました。

ＥＴＦは上場投資信託ですから、株と同じように売買ができます。かかる税金も株と同じです。これによって世界の年金基金などの巨額の資金を運用する機関投資家が、簡単にゴールドを売買できるようになりました。この金融商品の登場はゴールドを取引するプレイヤーを爆発的に増やすこととなります。以降、ゴールドは上昇トレンドに入ったのです。

池水　私がゴールドのトレーダーをしていた時代は、ショートをしていれば儲かりました。ゴールドを買う奴なんてバカだと思っていましたが、２００４年から２００５年のあたりで宗旨変えしました。

大橋　それまではゴールドより儲かるものがほかにいろいろありましたし、ゴールドへの投資は現物や先物などに限られていたため特殊な世界でした。現在ではゴールドＥＴＦは日本の個人投資家の間でも人気です。時代は大きく変化しました。

量的緩和政策と超低金利でゴールド値上がりの理由が変わった

大橋　さらにゴールドの上昇に弾みがついたのは、２００８年のリーマンショックの影響が大きいですね。

池水　アメリカの名門大手証券会社リーマン・ブラザーズの破綻は、世界中に大きな衝撃をもたらしました。リーマンの破綻に連鎖して大手生命保険会社のＡＩＧも経営危機に陥り、金融機関の健全性への不安が高まった。金融取引が縮小、世界的に株価が暴落し、世界同時不況の様相を呈したのです。

リーマンショックでゴールドもいったん売られ、値下がりしました。リスクのある金融商品を現金化する動きが止まらなかった。けれどもその後、最初に市場に戻ってきたのがゴールドでした。ドルや株式、債券よりもゴールドが選ばれたのです。以後、ゴールドは本格的な値上がり基調に入っています。

大橋　リーマンショックにより市場には信用収縮が生じました。あの金融機関も巨額の負債をかかえているのではないか？　取引をするのはリスクが大きいのではないか？　という疑心暗鬼から取引が止まり、市場の流動性が低下、貸し出しなど信用創造が止まることで経済が停滞、株が低下するという事態に陥ったのです。

ここでアメリカの中央銀行であるＦＲＢは大きな決断をしました。ＱＥと呼ばれる量的緩和政策が採られたのです。ＦＲＢは市中から国債や証券などを買い入れることで、民間金融機関へ資金供給することで流動性の増加を図りました。文字どおりドル紙幣を刷りまくって市場に供給したのです。

ゴールドの値が下がっていた１９９０年代まで、中央銀行の金融政策はせいぜい金利を小刻みに上げたり、下げたりする程度でした。これで十分、景気をコントロールできていたのです。中央銀行が超低金利といわれるほど、金利を大きく下げなければならない状況はありませんでした。ＦＲＢのベン・バーナンキ議長が始めた異次元の量的緩和政策も必要なかったのです。

それがリーマンショックという金融危機を受けて超低金利政策や異次元の量的緩和が始まり、これが金融市場にとって大きな転換点になったのです。

リーマンショックという金融危機にあって、中央銀行が金利を下げても景気がまったく立ち直らない。お金を大量に刷るという量的緩和に踏み切り、このアメリカの量的緩和から世界でマネーが急激に膨張を始めるのです。

この時から低金利時代が続きました。いまでこそ金利は上がりましたが、２０２０年の新型コロナウイルス禍が始まるまで、主要国金利はほぼ０％に近いところまで下がっていました。ローレンス・サマーズ元財務長官の唱えた超長期停滞論という経済論が話題にもなりましたが、コロナ禍に突入するまで、世界の金利はずっと低いままの時代が続いていたのです。

こうしてマネーが市場にジャブジャブと溢れ返ったということは、貨幣価値が下がることを意味します。すなわちモノの価値が上がるということです。ゴールドの価値が上がっても、なんら不思議ではありません。

池水　世界各国の中央銀行がゴールドの売り手から買い手に転じたのは、２０１０年のことです。それまでゴールドを大量に保持し、かつ売っていた西欧の国々も、リーマンショックを契機に売らなくなったのです。そして２０２０年以降、新興国の中央銀行がゴールドを徐々に買いだすのです。

大橋　リーマンショックという金融危機の後遺症は、いまも大きく残っています。異次元の量的緩和によって爆発的に増えたマネーは、もう回収できません。そうこうしているうちに次の大きな危機がやってきます。２０２０年のパンデミックです。コロナ禍による経済危機で、世界中の中央銀行がまたも紙幣をばらまきました。こうしてマネーが市場に溢れ、マネーの価値が下がっていくほどゴールドの価格が上がるのです。

池水　ゴールド値上がりの理由が変わったという点で、リーマンショックは一大転換点でした。それまで中央銀行によるゴールドローンの制限、鉱山会社の金先物売りの減少だったものが、リーマンショック以降、世界的な金融不安が大きな理由になったのです。

もともとゴールドに手を出さなかった日本銀行

大橋　ここで視点を転じて、日本の中央銀行について見ていきたいと思います。欧米の中央銀行は多くのゴールドを保持していますが、日本の中央銀行である日銀（日本銀行）は金準備として８４６トンのゴールドを保有しています。ただ日銀がこれ以上ゴールドの保有量を増やすことはないように思います。

池水　日銀はゴールドに手を出さない銀行なのです。私が知っている限り、日銀にはゴールドの担当者が存在しません。昔私は何回か、日銀からゴールドの話をしてほしいと招かれたことがあります。

日銀がゴールドの運用をしたいのかと思って期待したのですが、まったくそんな話ではありませんでした。私が聞かれたのは、ゴールドが外為市場に与える影響についてです。ここからもわかるように、日銀は昔からゴールドには触らない中央銀行なのです。

過去で唯一２０２１年3月のＩＭＦへの報告で、日本のゴールド準備は７６６トンから８４６トンへ80トン増加しましたが、これは天皇御在位六十年記念金貨の材料として余ったゴールドと市中からの環流在庫を財務省から日銀への「倉移し」をしただけで、日銀が新たにゴールドを購入したわけではありません。

大橋　たんなるテクニカル処理の話ということですね。日銀にゴールドの保有量を増やす気がないのは、日本はどうしてもアメリカ国債を買わなければならないからです。アメリカ国債を売ってゴールドを増やしたら、アメリカの怒りを買います。はっきりとは断言しませんが、おそらくそうだと思います。

池水　私もそのとおりだと思います。現状で世界で最も米国債を買っているのは日本です。

大橋　日本はアメリカの顔色をうかがうあまりに戦略的に金準備を増やしたり減らしたりという政策ができないのです。１９９７年６月に当時の橋本龍太郎首相が「アメリカ国債を売りたい」と発言し、市場が大混乱したことがあります。その翌年７月に彼は首相を辞しますが、これはアメリカを怒らせたための失脚だったといわれています。

池水　日本は国の安全保障をアメリカに頼りきっているから、その言いなりにならざるを得ない。

大橋　アメリカに生意気なことを言えない。ただ一方で同じ西側諸国でもドイツは大量のゴールドを保有していますね。

池水　ドイツはドイツの道を行っています。ドイツはフランスとともにＥＵの盟主で、ＮＡＴＯ（北大西洋条約機構）の核でもあります。ドイツはアメリカ一辺倒にならずにすむ位置にあるのです

中央銀行の保有するゴールドについて一つ面白い話をすると、じつは各国の中央銀行が保管しているゴールドは、必ずしもその国にあるとは限りません。たとえば日銀が８４６トンのゴールドを保有しているといっても、８４６トン全部が日銀の金庫に眠っているのではないのです。

日銀の保有するゴールドは、おそらくロンドンのバンク・オブ・イングランドとアメリカのニューヨーク連邦準備銀行の金庫に預けられています。日本以外の国の中央銀行の多くも、日銀同様イギリスかアメリカの銀行に手持ちのゴールドを預けているはずです。

大橋　なぜ、そんな面倒臭いことをするのでしょう。

池水　自国の中央銀行でゴールドを保管した場合、万が一のリスクを伴うからです。かりに他国に攻められ、占領されそうになったとき、他国に手持ちのゴールドを奪われかねません。ゴールドを自国の中央銀行で保管するのは、じつはリスクが伴うのです。

ただ最近はアメリカやイギリスの銀行に預けていたゴールドを、自国の中央銀行に持ち帰る国も出ています。たとえばドイツの中央銀行は、冷戦中にアメリカに400トンのゴールドを2017年に自国に持ち帰っています。

理由はよくわかりませんが、リーマンショック以降、アメリカに対する信頼そのものが揺らいでいるからではないでしょうか。

ぐらつきだした世界一の安全資産・アメリカ国債

大橋　いずれにせよリーマンショック以降、世界の金融市場に対する見方が大きく変わったのは確かです。ゴールドの価値が注目される一方で、アメリカのドルや国債に対する信頼がぐらついています。とくにアメリカ国債が顕著です。

池水　すべての金融商品の中で最も流動性があり、かつ最も信頼されているのがアメリカ国債です。流動性という意味でアメリカ国債に敵う金融商品はなく、アメリカ国債がまったくダメになっているわけではありません。アメリカと対立するロシアや中国がアメリカ国債を売っているのは、流動性や信頼性よりもリスクの大きさからです。

大橋　ロシアや中国のアメリカ離れは戦略的なものですが、アメリカと対立軸にない国でさえアメリカ国債を売ってゴールドを買っています。これはアメリカ国債に対する不安があるからです。

もともとアメリカ国債は格付けがトリプルAで、最も信用がおける金融商品でした。けれども格付け機関の一つスタンダード・アンド・プアーズは、２０１１年にトリプルAからダブルAに格下げしています。同じく格付け機関のフィッチも、２０２３年にダブルAに格下げしています。

最も信頼されているムーディーズは現在、アメリカ国債を唯一トリプルAに格付けしていますが、格下げするかもしれないと警告しています。

池水　２０２３年11月に「安定的」から「ネガティブ」に引き下げましたね。

大橋　これはアメリカ国家の債務が問題視されているからです。アメリカでは国債の発行額が上限に達する中、上限引き上げについて毎年のように議会でもめています。これを「債務上限問題」といい、アメリカ議会は政府に対して膨大に膨れ上がった債務をどうするか、質《ただ》しています。

２０１１年にスタンダード・アンド・プアーズがアメリカ国債を格下げしたとき、ゴールドの価格は急騰しました。アメリカ国債が売られて、ゴールドが買われたのです。もし、ムーディーズがアメリカ国債を格下げする事態となれば、あらためてアメリカ国債への不安が広がり、ゴールドの価値が見直されるでしょう。

現在のところ世界で一番の安全資産はアメリカ国債ですが、最高位の格付けが危うくなりはじめているのです。

各国の債務過剰問題を克服できるか

池水　ここで話を少しまとめると、現在、ゴールドの価格が大きく上昇している理由として挙げられるのは、第一に国際情勢の変化。二番目は通貨の過剰供給。第三に中央銀行のゴールド保有があります。

さらにもう一つ要因を挙げるなら、各国政府の債務過剰問題です。とくに大橋さんが言われたアメリカの債務過剰問題が、金融市場に大きなインパクトを与えています。

大橋　確かにアメリカの債務過剰が、格付け会社のアメリカ国債の格下げ問題につながっています。そして国債を発行することで何とか経済を回しているのはアメリカに限らず、世界各国で行われていることです。

池水　世界各国は国債を発行することでマネーを市場に供給し、流動性を高めようとしています。ただ収支はまったく合っていません。国債発行によって経済成長がしないことには税収が足りません。思うように経済成長しない場合、再び国債を発行して借金することになります。

国債は英語で「ナショナル・デット」といいます。デットは借金のことで、英語の債務に関するチャートにも「デット」と記されています。日本なんてデットだらけです。

大橋　本来なら税収を上げて借金を減らしていく必要がありますが、増税で税収を上げようとすると逆に税収は下がります。

理想的には日本経済を成長させて税収を増やし、借金を返していかねばなりません。ただ日本政府は、そのあたりの舵取りが下手です。

池水　日本の借金がこれだけ膨らんでしまうと、経済成長だけで解決するのは難しいでしょう。

大橋　ただ債務をGDP比で見れば違ってきます。GDPが増えればGDPに占める債務の割合を圧縮できます。「だから経済成長路線を採るべき」と主張する経済学者も少なくありません。

池水　日本のようにこれだけ人口が減少していく国で、これから大きな経済成長を遂げるのは難しい気がします。

大橋　だからこそ規制緩和で経済の流動性を高める必要があるのですが、日本は官僚主導型の政策決定プロセスが強くアメリカと比較すると規制緩和が進まない傾向が強いですね。現在日本のみならず世界の多くの国が、膨れ上がる債務に苦しみだしています。それほどアメリカの引き起こしてきた金融危機や、コロナ禍の経済危機の後遺症が大きいのです。

しかも債務については、金利が上がると債務の利払いが増えるので、これもまた大きな問題になっています。

池水　アメリカの金利払いは、それだけでアメリカの軍事予算を超えるレベルになっています。ご存じのようにアメリカの軍事費は世界一巨額ですが、アメリカの債務の利払いはそれ以上なのです。

大橋　アメリカはインフレを潰すために、金利を一気に５・５％まで引き上げましたが、それがアメリカの債務の利払い負担を増大させていることも問題視されています。２

024年9月からFRBは利下げを開始していますが、インフレ再燃への警戒も強く、アメリカは大きく金利を下げられないとも指摘されています。

日本についていえば、日銀は2024年3月にマイナス金利を解除、7月に追加利上げを決定し、異次元金融緩和からの脱却を図っています。しかし、日本経済は脆弱でアメリカほどには金利を上げられません。日銀は中立金利の下限である1%まで、との指針を示していますが、日銀の利上げに関しても日本の債務の利払いが大きく膨らんでしまうことへの懸念が指摘されています。

「金利高」で「ゴールド高」というミステリー

大橋　現在、アメリカ国債がぐらついているのは、価値の低下というより、保有する人が減っていることを指すように思います。近年アメリカ国債の利回りの上昇が続いているのは、アメリカ国債が売られているためです。

池水　ただ保有する人の数の減少は、アメリカ国債の価値が下がっていることを意味します。両者は密接につながっています。

ここで不思議なのはアメリカの金利が上がっているのに、ゴールドの価値も上がっていることです。ふつう金利が上がれば、ゴールドの価格は下がります。ところが、そうなっていない。

たとえば中国の場合、かつてはドルの金利が高いので、ゴールドを持っているよりアメリカ国債を持っているほうがいいという考えでした。これは理に適っています。それが近年は考え方を変えて、アメリカ国債を売ってゴールドを買っています。そのためゴールドの価格が上昇しました。当時はアメリカがゼロ金利に近い状態だったので、ゴールドを買うのも理に適います。

そうしたなか、２０２３年にアメリカの長期金利は５％台にまで上昇しました。これほど金利が上がればアメリカ国債のほうが人気となり、ゴールドの価格は下がるものですが、そうなっていません。

２０２３年より前に、アメリカの長期金利が５％まで上がったのは、リーマンショックに突入する２００７年です。このときゴールドの価格は、１トロイオンスが７００ドルでした。

２０２３年現在アメリカの長期金利は２００７年と同じ５％のレベルまで上昇したの

に、ゴールドの価格は1900ドルを割りませんでした。2007年の事例を考えるなら、2024年は700ドル近くまで下がってもおかしくないのに、ゴールド価格は高いままだったのです。

金利高でゴールド高という状況は、世界のアナリストの間でも「ミステリアス・ラリー」と呼ばれていました。ふつうなら説明がつかないことで、前代未聞の出来事だったのです。

このミステリアス・ラリーの背後には、「ミステリアス・バイヤー」がいます。それが新興国の中央銀行で、彼らがゴールドを買っているのです。

2022年以降、新興国の中央銀行が、これまでの倍ぐらいの勢いでゴールドを買いはじめています。それまでの10年間、一番多い年でも年間600トン程度しか買わなかった彼らが、2022年、2023年と2年連続で1000トンを超えて買っています。2024年も、おそらく1000トン近く買うでしょう。

新興国の中央銀行がゴールドを買いだすのは、直接には2022年のウクライナ戦争に始まるアメリカとロシアの対立を見たからでしょう。ただ、それ以前から新興国のアメリカ離れがじわりと起きていて、世界の構造が変化しだしていました。

大橋　２０００年代までの世界はアメリカ一極で、新興国もアメリカのドルを持っていれば安心でした。ロシアや中国も渋々ながらアメリカを尊重してきました。それが２０２２年のウクライナ戦争以降、中国やロシアはアメリカの価値観を否定しだしています。新興国もこれに倣ってドル離れが起きているのです。

世界は多極化しはじめている。その中で、すべての国が評価する存在がゴールドなのです。

トランプ政権でゴールドの価値はさらに上がる？

大橋　２０２４年のアメリカ大統領選挙はドナルド・トランプ氏の勝利に終わり、２０２５年から第２次トランプ政権が始動します。トランプ時代になれば、ますますゴールドが注目を集めると思います。

これはトランプ大統領の掲げる他国への輸入関税引き上げなどの通商政策や不法移民対策などの政策が財政支出の拡大を伴うものだからです。さらに同氏は減税にも言及しています。第１次トランプ政権時代に始まった減税は２０２５年に失効しますが、トランプ氏はこの減税を継続、恒久化すると言っています。

池水　そうなるとアメリカは国債をまたも増発しなければなりません。

大橋　国債増発はアメリカの債務のさらなる膨張を意味します。債務上限問題はアメリカ国債の格下げリスクにつながるとお話ししましたが、トランプ氏はイーロン・マスク氏を起用し「ＤＯＧＥ政府効率化省」で連邦債務削減を実現させるとも言っています。Ｘ(旧Twitter）を買収し、コスト削減を実現させたイーロン氏の手腕は高く評価されていますが、アメリカ政府債務削減が実現できるか、世界の注目が集まっています。

しかし、あまりに大胆な政府予算削減が実行されれば景気減速のリスクが高まります。景気減速となればこれまで上昇を続けてきたアメリカの株式市場の持続的な上昇が難しくなります。株式市場の下落は、さらなる利下げ催促につながりますが、そうなるとせっかく落ち着いてきたインフレの再燃が懸念されます。

２０２４年に利下げを始めたＦＲＢですが、インフレ再燃リスクが高い局面での利下げ継続は難しく、経済の舵取りが難しい局面に入っていると思います。こうした局面でのトランプ２・０スタートで不確実性の高まりが、ゴールドへの注目を高めると見られています。

池水　トランプ大統領の公約が実現したら、アメリカに相当な借金が生まれることは目に見えています。相当なインフレ圧力になると思われ、だから世界ではゴールドが買われているのです。

これから変わるポートフォリオの組み合わせ

大橋　アメリカ国債の地位がぐらついていることは確かですが、アメリカ国債に代わる国債資産は存在しません。アメリカよりも信用できる国が一つもないからです。日本国債の格付けは政府債務の拡大や低成長などからあまり高くないのが実情です。

池水　アメリカ国債が世界の国債の代表なのです。

大橋　そのアメリカ国債の価値が下がれば、その他の国の国債もすべてダウングレードしていくでしょう。そうなるとポートフォリオの中で、国債の比率はじわりと下がっていきます。すでにロシアと中国は国債の比率を急速に下げだしていますが、他の国もこれに倣おうとするでしょう。

池水　ポートフォリオの組み合わせを考え直す時期に来ているのです。昔は株式6、債券4が代表的なポートフォリオの組み合わせでした。しかし、債券がかつてのように信用できないこれからは、債券の比率を減らすべきです。代わりにゴールドを25％ぐらい組み込むのがベターです。ゴールドはポートフォリオの最強の番人だからです。

人間は本能的にゴールドを好んでいる

大橋　ゴールドへの評価がここへ来て上がっているのは、その希少性だけではないと思います。ゴールドの輝きそのものが人を魅了し、価値あるものと思わせているのです。

池水　色彩学者によれば、色素の中で「金色」という色は存在しないそうです。複数の色素が組み合わさったとき、人間の目はこれを金色と感じるのです。

昔から太陽の色は、黄金色といわれてきました。月の色は銀色です。太陽も月も人間の活動や意識に深く関わっているので、人間は黄金色や銀色を価値あるものと思うのです。とくに黄金色である太陽は作物の豊穣とつながるので「黄金＝豊かさ」が人間の意識に植えつけられているようです。

また中央大学の色彩研究者の話では、赤ちゃんに黄色を見せると、明らかに他の色とは違う反応をするそうです。黄色が黄金色を思わせるからでしょう。

大橋　赤ちゃんに金色の折り紙を見せると、他の色の折り紙よりも喜びます。これは本能から来るもののようです。人間は本能的に金色に輝くものに価値を感じるのではないでしょうか。

池水　マーケティングの世界でも、金色は消費者を吸い寄せるとされます。たとえばセブン-イレブンの「金の食パン」のように、パッケージを金色にするだけで、売り上げが一気に伸びたという話もあります。

大橋　金色にするだけで、大きな付加価値がついたように人間は受け取るのです。

池水　金属の色は、基本的に銀色です。プラチナやシルバーなど貴金属に限らず、錆びる前の鉄も銀色に見えます。この銀色は、じつは無色といわれます。銅は少し赤いですが、多くの金属は銀色という無色という中、ゴールドの黄金色は稀だそうです。この稀であることに、人類はことのほか貴重さを感じるのです。

大橋　砂場で遊んでいる子どもが砂金を見つけると、大喜びして集めだします。子どもも光るものに反応し、とくに太陽のような黄金色に特別な反応を示すのです。

複数のカラーが組み合わさって見えるのが金色という話ですが、宝飾品のゴールドの中には、ややピンクがかった金色のものがありますが、ピンク色になるのは、少しだけ銅が入っているからです。

池水　純金はあまりに柔らかいので、宝飾店では他の金属を入れて硬さを補強しています。純金を曲げようと思うと、実際グニュッと曲がります。昔の映画では本物かどうか確かめるため、ゴールドを噛むシーンがよくありました。

大橋　オリンピックの金メダル選手が、金メダルを噛むようなものでしょうか？

池水　噛むと純金には歯形がつきます。これで純金と確認できます。ただ先ほど述べたように純金は柔らかすぎるので、宝飾店では他の金属を入れています。この硬度の調整のために用いる金属を「割り金《がね》」といいます。そのため色が少し変わります。この割り金が入ると厳密な意味では「純金」ではなくなります。

大橋　ホワイトゴールド、ピンクゴールド、グリーンゴールド、イエローゴールドなど、いろいろあります。私は銅の入ったピンクゴールドが好きです。

池水　銅は赤色のため、純金に少し入れると赤みを帯びてくるのです。ゴールドの比率を75％にして、残り25％を銅にするとレッドゴールドになります。ピンクゴールドの場合、銅のほかにパラジウムを加えています。さらに言うと、割り金にシルバーを加えたものが、グリーンゴールドになります。ホワイトゴールドではプラチナかロジウムが、割り金にされています。

大橋　そうやって、さまざまな色合いが生まれているのですね。

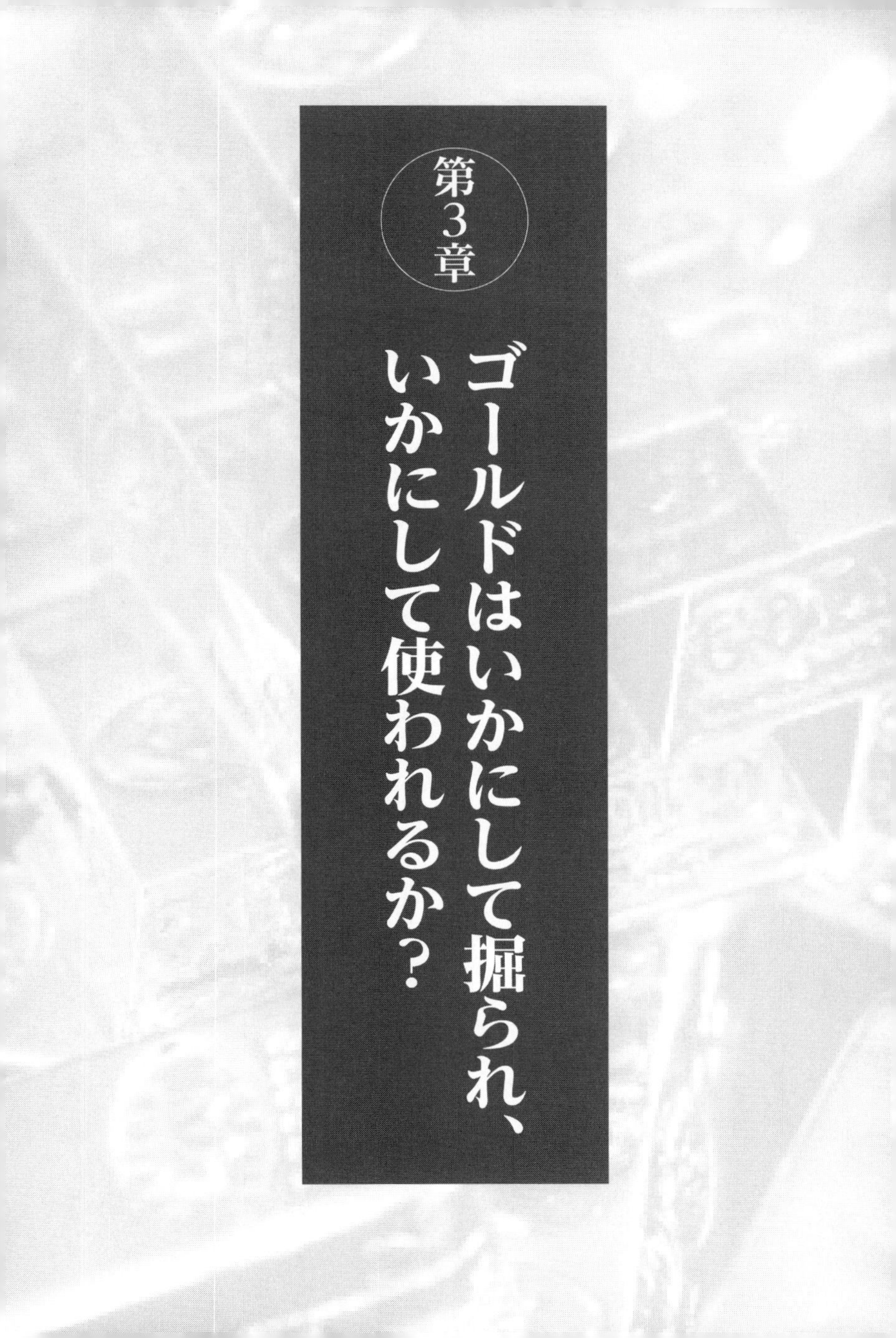

第3章

ゴールドはいかにして掘られ、いかにして使われるか？

ゴールド枯渇論の嘘

池水　1、2章ではゴールドの魅力や歴史的背景について述べてきました。3章ではゴールドがいかにして掘られ、いかにして使われているかといった、需要や供給面について議論したいと思います。

まず供給の話からすると、鉱山から採掘される量は、過去10年間で見ると毎年約3300トンから3700トン台で推移しています。極端に減ったり増えたりすることはなく、安定しています。

大橋　ただ金に関しては「ピークゴールド説」があります。もはや新しい金鉱山の発見は難しくなっていて、いまある金鉱山を掘っていくだけなら、しだいに年間の採掘量が減っていくという説です。

池水　ピークゴールド説を裏付けているのは、この15年間、新しい鉱山が発見されていないからです。金鉱脈を発見して実際にゴールドの現物を採掘するまでには、およそ15年かかるとされます。この15年間で金鉱脈が一つも発見されていないなら、現存する金鉱脈

図表3-1 地上の金の総量は209,000トンと推定され、その価値は12兆ドル※

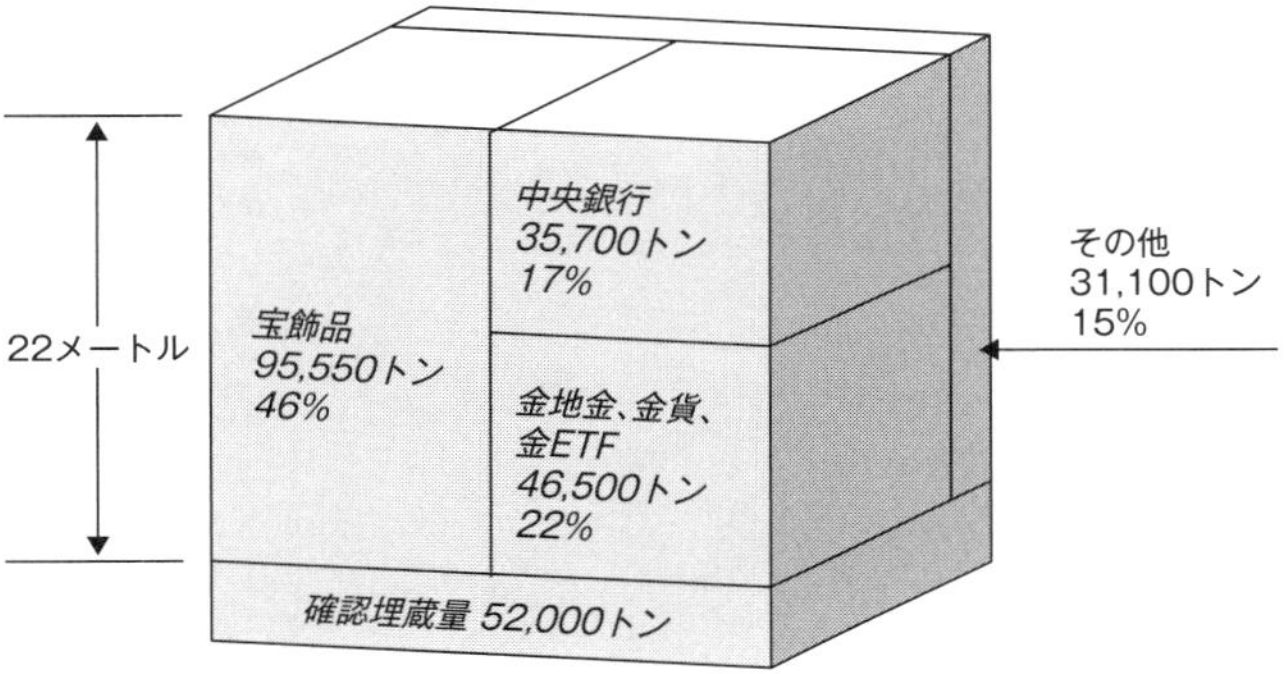

※ 2022年末時点。年末のLBMA金価格をもとに算出した値。
注：米国地質調査所によって定義された実証済み埋蔵量。
出所：Metals Focus、Refinitiv GFMS、米国地質調査所、ワールドゴールドカウンシル

を採掘しているだけなので、やがてゴールドの採掘量が減っていくというわけです。

もう一つピークゴールド論の根拠となっているのは、金鉱山の採掘を始めて最初の年が、その金鉱山の採掘量のピークにあたるという見方です。最初がピークで、あとはどんどん減っていくと考えるなら、いまあるすべての金鉱山からの採掘量は、ジリ貧にならざるを得ません。

ただし採掘量ではなく「埋蔵量」という考え方からアプローチすると、少し違った結論になります。埋蔵量の定義は難しいですが、現在ゴールドの埋蔵量は５万７０００トン程度といわれています。

有史以来、人類が採掘してきたゴールドの

量は23万トンほどになります。これは長さ50メートル、幅25メートル、深さ2メートルのオリンピックのプール容積の3・5倍程度です。そう考えると人類が掘ってきた金の量はたいしたことないですが、とはいえ二十数万トン掘ってきて、あと5万トンしかないといわれると悲観的にもなります。

大橋　毎年3500トンずつ採掘するなら、あと20年も経たずして金鉱山は枯渇する計算になります。

池水　ただし埋蔵量という考え方には、トリッキーなところがあります。たとえば原油の埋蔵量です。いまから30年以上前、原油の埋蔵量はあと30年分しかないといわれていました。つまり同じペースで原油を採掘していけば、30年後に原油は完全に枯渇し、採れなくなるというわけです。

実際はどうだったかというと、いまだ原油は枯渇していません。かつて悲観したのがバカらしくなるほど、いまも原油は大量に産出されています。

大橋　同じことはゴールドにもいえるということですね。ゴールドの埋蔵量はあと5万8000トンではなく、実際はもっと多い。

池水　そこにはコストの問題もあります。埋蔵量5万8000トンとは、いまのゴールドの価格と採掘コストから採掘可能な量を意味しています。採掘コストと価格が見合わない鉱脈は、無視されているのです。

ところがいまのようにゴールドの価格が上昇していくと、これまでコストがかかりすぎて掘れなかった鉱脈からも採掘できるようになります。つまりこれまで無視されてきた金鉱山も含められ、ゴールドの埋蔵量はもっと増えていきます。

大橋　ただインフレ下では、採掘にかかるコストも上がっていきます。毎年２％のインフレが世界各国の目標なら、人件費や設備投資も２％ずつ上昇していきます。

池水　現在の世界の金鉱山会社の生産コストの平均は、ゴールドが１トロイオンスあたり１５００ドル前後です。

大橋　昔の生産コストは１０００ドル前後でした。それが１・５倍に上昇しているのです。

池水　一方で１トロイオンスあたりの相場は２７００ドル程度です。生産コストが１５００ドルなら、鉱山会社は大きな利益を出せます。だからゴールドの産出が枯渇する心配はありません。金鉱脈の枯渇により、ゴールドの価格が急騰することもありません。

大橋　現在ゴールドの価格が上昇しているのも、供給上の問題ではなく、需要の増加という面が大きいです。

池水　しかも原油は消費してしまえば終わりで、蓄積されることがないのに対し、ゴールドはなくなることがありません。ゴールドはその不変性のため、掘り出された地上在庫は増えていく一方なのです。

大橋　ゴールドは腐らないし、燃えて灰になることもない。だからつねに地上で増えつづけています。有史以来、人類が採掘してきたゴールドの量は、昔はオリンピックのプール3杯分といわれてきました。それがいまは4杯分になっています。私が生きている間に人類が手にしたゴールドの量は、オリンピックプールの1つ分くらい増えていたのです。

池水　その意味でゴールドは、供給不足をさほど心配をする必要がないコモディティなのです。

地政学的リスクのないゴールドの供給

大橋　また原油の供給には、地政学的なリスクがつねに伴います。産油国の多くが中東に集中しているため、中東で騒乱があれば原油の供給に影響を及ぼします。現在はアメリカが世界一の産油国となったこともあり、価格の急騰リスクは低下していますが、原油は世界中で採掘できる資源ではありません。けれどもゴールドの供給では、そうしたリスクがありません。

ゴールドが採れる場所が世界各地に散らばっているからです。同じ貴金属のプラチナやパラジウムが局所に集中しているのに対し、ゴールドの産出地はユーラシア大陸のみならず、北米やオーストラリアなど、世界のあちこちにあります。

池水　金の産出国のトップ3は、中国を筆頭にオーストラリア、ロシアです。この3カ国は、いずれも年間３００トン以上産出しています。４位以下はカナダ、アメリカ、カザフスタン、メキシコ、インドネシア、ウズベキスタン、南アフリカと続きますが、これらにはいずれも、年間２００トン以上産出する国はありません。いずれも年間１００トン台の産出になります。

とはいえゴールドの産出国が世界中に分布していることは確かです。プラチナの産出量が南アフリカとロシアで、全体の90％を占めているのとは対照的です。だから世界のどこかで騒乱が起きても、ゴールドの供給には影響がありません。

１９６０年代から１９７０年代にかけて、南アフリカは年間１０００トンものゴールドを産出していました。南アフリカは圧倒的なガリバーでしたが、近年は１００トン程度とかつての10分の１に落ちています。南アフリカのゴールド産出における地位は大きく下がっているので、かりに南アフリカで異変が起きても、ゴールドについては大きな問題にならないのです。

金の産出量が劇的に増えない理由

大橋　ゴールドの産出量が安定していることは確かですが、だからといって今後、産出量が劇的に増えることもありません。ゴールドの需要が大きく伸びているからといって、供給まで極端に増やすのは無理だからです。

池水　世界のどの金鉱山も掘れるところを掘っているので、産出量はマックスの状態です。これ以上増やしたくても無理なのです。

先ほど述べたようにゴールド価格の上昇により、これまで採算に合わなかった金鉱脈でも掘れるようになっています。採掘可能な場所は増えていますが、こうなると鉱山会社はなるべく採算の悪いところから掘ろうとします。

ゴールドの価格が高いうちに採算の悪いところを掘り、価格が下がるともう少し採算のいい鉱脈に転換するのが鉱山会社のオペレーションです。鉱山会社は生産量を変えずに利益を確保しようとするので、生産量が劇的に増えることはないのです。

鉱山会社も新たな金鉱山を探してはいますが、先ほど述べたようにこの15年間、発見されていません。

大橋　採算コストが安い、掘りやすい鉱山がもうないのです。掘りやすい鉱山は、これまでに誰かが見つけ、掘っています。

じつは海水の中にも、多くの金が溶け込んでいるといわれます。ただしコストが合わず、取り出せないのが現状です。

池水　ゴールドは多少、水に溶けます。海水中のゴールドの濃度は０・０００５ｐｐｍという薄さですが、地球には多くの海水があります。海水の中の金の量はなんと50億トンあり、全鉱山の合計より多いといわれます。世界で一番の〝鉱脈〟ですが、海水から取り出すコストに問題があるのです。

1トンの金鉱石から採りだせる純金は3～5グラム

池水　ゴールドの採掘にコストがかかるのは、金鉱石から採りだせる純金が、じつに微々たるものだからです。鉄鉱石から鉄を採りだしたり、ボーキサイトからアルミを採りだすのと同じように、金鉱石から純金を採りだすには手間がかかり、人手も要ります。実際のところ、金鉱石1トンに純金は3～5グラムしか含まれていません。金鉱山からゴールドを採りだす仕事は、それほど苦労を伴うのです。

大橋　本当に苦労して微々たるゴールドを集めなければならない。日本でも戦国時代や江戸時代から、それをやってきたのです。

池水　近年はさまざまな分野で機械の技術が進んでいますが、金鉱石の現場はそうした機械化に向いていません。どうしても人の手が必要になります。

金鉱石から純金を採りだすまでには、多くの作業が必要です。まずはドリルを使って鉱脈に穴を開け、そこに発破を仕掛けて鉱石を採りだします。採りだした鉱石を細かく砕き、沈殿槽の中に沈めます。

ゴールドの質量は最も重いため、ゴールドを含む部分は底に溜まっていきます。その溜まった金鉱石の破片を精製炉に入れて溶かしていきます。溶かした金鉱石を再び沈殿層に入れ、底に溜まった部分を精製炉に入れて溶かす。この作業を何度も繰り返すことで、ゴールドの純度を上げていくのです。

見ている分には面白いですが、現場の苦労は相当なものです。ゴールドの含有量の低い鉱山ほど採掘コストがかかります。そのため市場価格の状況しだいで、どこを採掘するかが決まっていくのです。

日本の菱刈金山の産出量は年間約４トン

池水　ゴールドの採掘量に関して、日本は微々たるものです。もともと日本には、大きな金鉱山はありませんでした。戦国時代や江戸時代には佐渡金山、甲斐金山から採れましたが、明治初期には掘り尽くしてしまいました。現在、日本で現役の金鉱山は住友金属鉱山が運営する、鹿児島県伊佐市の菱刈鉱山のみです。

大橋　菱刈鉱山は優秀な鉱山と聞きます。ゴールドの含有量が飛び抜けて多いそうですね。

池水　埋蔵量は250トン程度といわれています。佐渡金山から掘り出したゴールドの総量が80トンですから圧倒的に多いわけです。

菱刈鉱山が優秀なのは、金鉱石1トンの中に30～60グラムの純金が含まれていることです。世界の平均含有量が3～5グラム程度ですから、レベルが段違いに高いのです。

大橋　菱刈鉱山では効率的に純金を採りだせるということですね。

池水　ただ菱刈鉱山の年間生産量は、わずか4トン程度に過ぎません。以前は6トン程度を掘り出していましたが、ゴールド価格の上昇に伴い産出量を少なくしたように思います。

そもそも住友金属鉱山は、菱刈鉱山を鉱山技師の教育用に使っているイメージがあります。菱刈鉱山で大きく儲けるつもりがないのでしょう。いずれにせよ年間4トンや6トンでは、世界にほとんど影響力も持ちません。

大橋　世界では年間3500トンぐらい生産されますから、菱刈鉱山の産出量は世界全体の500分の1にも達しません。

かつてイタリアの冒険家マルコ・ポーロが著した『世界の書（東方見聞録）』では、日本を「黄金の国・ジパング」と呼んでいます。日本は多くのゴールドを産出していたイメージがありますが、江戸時代末期にほとんど海外に流出してしまいました。

池水　日本のゴールドの海外流出については、面白いエピソードがあります。ゴールドとシルバーは交換しあう関係にあり、その交換比率は国によって違いました。1トロイオンスのゴールドを買うのに何トロイオンスのシルバーが必要かというと、開国した頃の幕末の日本ではゴールド1に対してシルバー5でした。一方ヨーロッパやアメリカでは、ゴールド1に対してシルバー15でした。日本では欧米よりもシルバーが貴重だったのです。

ここに目をつけた欧米諸国は、ペルーやメキシコでたくさんのシルバーを調達し、日本に持ち込んでゴールドに換えました。欧米では1トロイオンスのゴールドを買うのに15トロイオンスのシルバーが必要なのに、幕末の日本では3分の1にあたる5トロイオンスで買える。これはおいしいと、外国人たちはこぞって日本で両替し、日本からゴールドが大量流出することになったのです。

大橋　もったいない話です。

都市鉱山からどれぐらいの金が取れるのか

池水　なお、ゴールドを取りだせるのは、金鉱山からだけではありません。現代では都市からも取りだせます。「都市鉱山」と呼ばれるもので、要は電気製品や宝飾品などゴールドを含んだ製品のリサイクルによる方法です。

大橋　都市鉱山は２０２１年の東京オリンピックでも話題になりました。使わなくなったスマホやパソコンから取りだしたゴールドで金メダルをつくったのです。

池水　ただし金メダルといっても純金ではなく、シルバーに金メッキを施したものでした。

都市鉱山が注目されだしたのは、パソコンのＣＰＵや携帯電話、自動車、家電製品などにゴールドが使われているからですが、同時にゴールドが高価だからです。高価だからこそ一度使ったものをリサイクルし、取りだすのです。

もちろんゴールドをリサイクルするには、高度な技術が必要です。日本の精錬会社には昔の鉱山採掘の精錬を通じて培われた技術を応用し、リサイクルに長けている会社もあります。しかも都市鉱山のゴールドの密度は、金鉱山のそれよりずっと高いのです。すでに述べたように金鉱石１トンに含まれるゴールドの量は、わずか３～５グラムほどです。しかし都市鉱山の場合、ゴールドそのものを回収するので、金鉱山を掘るよりずっと高い密度のゴールドを得られます。デジタルカメラ１トンの中には、ゴールドが１５０グラムぐらい含まれているのです。

大橋　都市鉱山とは、要はスクラップからの回収です。スクラップから、どれぐらいのゴールドが得られているのでしょう。

池水　２０２４年の金鉱山から採掘したゴールドの量は３７４９トンでした。一方スクラップから回収した量は１２９９トンです。都市鉱山からの産出量は、金鉱山から産出されるゴールドの量の３分の１にもあたります。

日本の都市鉱山の埋蔵量は世界トップレベル

大橋　都市鉱山は、これからもゴールド産出の一つの柱になると思います。各家庭あるいはオフィスには使わなくなったパソコンやスマホが、まだまだ眠っています。とくに日本の都市鉱山です。日本の都市鉱山は東京オリンピックのときに相当あぶり出されたともいわれますが、まだ多くのゴールドが残っているという報告もあります。

池水　日本の都市鉱山は世界トップレベルの量を埋蔵しているようです。

大橋　日本国立研究開発法人物質・材料研究機構（ＮＩＭＳ）のホームページには、日本の都市鉱山には６８００トンのゴールドが眠っていると記されています。貴金属を中心に事業展開している田中貴金属のホームページにも、世界のゴールドの埋蔵量の16％に相当する６８００トンのゴールドが日本の都市鉱山にあるとしています。日本の都市鉱山は十分活用されておらず、日本は資源を眠らせた国にとどまっているとも指摘しています。

環境省のホームページにも、日本では年間65万トンの小型家電が廃棄され、その中に８４４億円分の貴重な金属が含まれているとあります。貴重な金属でリサイクルされていないものが、やはり６８００トンあるとしています。

これが日本の都市鉱山の持つ可能性です。埋蔵量に関して日本の都市鉱山はダントツで、アメリカより多いのです。

池水　ただ６８００トンの中には、プラチナなどの貴金属も入っているのではないでしょうか。純粋にゴールドだけではない気がします。また６８００トンという数字自体、潜在的なものだと思います。リサイクルされていない小型家電すべてを合わせた数字で、今後それらすべてがリサイクルされるとは限りません。

使っていないパソコンやスマホがリサイクルゴミに出されるケースは、微増という程度で、それほど増えていません。リサイクルによって日本の都市鉱山から金が１００トンも取れるというのはありえない話です。

とはいえリサイクルは大事です。都市鉱山に残っている高価なゴールドを捨てたままにしておくのは、もったいない話です。

金歯に含まれる金もリサイクルの対象

池水　ゴールドのリサイクルについて言うと、じつは人間の体もゴールドの採れる「鉱山」なのです。たとえば口の中に埋められている金歯や体内に挿入されたカテーテルには、ゴールドが含まれています。この人体に残されたゴールドも、いまはリサイクルされています。

金歯については、歯医者さんで古い金歯を新しい金歯に取り換えることがありますね。

施術が終わると歯科医は古い金歯をゴミ扱いして、「じゃあ、これは捨てておきますね」などと言います。多くの患者は「よろしくお願いします」と答えますが、歯科医がその金歯を捨てることはありません。彼らは金歯を売るのです。

大橋　どこに売るのですか？

池水　東京なら御徒町などの地金商をはじめ、いろいろな地金商が買ってくれます。いまなら売れば1本数万円になります。

大橋　そうでしょうね。金歯を入れるのに、1本5、6万円しますから。

池水　金歯は純金ではないので価格はまちまちですが、いずれにせよ取り外した金歯は歯科医の大事な収入源になっています。もちろん患者さんが「持って帰ります」と言えば返さなければなりませんが。

大橋　その金歯は、もともと患者さんが買ったものですからね。

池水　だからなるべく患者さんに「返してくれ」と言われないように、何の価値もない口ぶりで「捨てておきますね」と言うのです。金歯の価値をわかっている患者さんなら、「いやいや返してください」と言うはずです。

また火葬場も、人体にあるゴールドのリサイクルの場となっているようです。火葬すると遺体の有機物は灰になりますが、無機物は焼け残ります。焼け残った無機物の中には、金歯や体内に挿入していたカテーテルなどもあります。これらが誰の所有物になるかは、けっこう問題になっています。

大橋　そうですね。遺族が持ち帰ると主張しなければ、火葬場の所有になってしまいますね。

池水　体内に金歯や金を含んだカテーテルを入れるのは、ゴールドが無害な物質だからです。ほとんど化学反応を起こさないので、体内で酸化し、錆びることもありません。つまり人体に無害ということです。しかもゴールドは安定した物質なので長持ちします。

大橋　シルバーの場合、体内でアレルギー反応を起こすと聞いたことがあります。ゴールドほどには体によくないようです。

池水　ここでもゴールドは別格の金属なのです。

大橋　美容の世界でもゴールドの糸を顔に挿入する施術があります。ロシア発の美容医療で、顔の張りを保ち、たるんだ皮膚を伸ばすために、皮膚の下に埋め込むというものです。お勧めはしませんが、ここからもゴールドを体内に埋め込んでも大丈夫な物質とわかります。

銅や亜鉛の鉱石にもゴールドは含まれる

池水　すでに述べたように、日本の金山は鹿児島県の菱刈金山のみで、年間採掘量は4トンです。ただ日本の鉱山会社や精錬会社は、それ以上に多くのゴールドを採掘しています。金鉱石でない鉱石にも、ゴールドやシルバーが含まれているからです。たとえば海外から輸入した銅鉱石から銅を採りだすとき、一緒にゴールドやシルバーも採れるのです。そうして採りだしたゴールドを、日本の鉱山会社や精錬会社は自社ブランドとして売っています。

大橋　本来の目的は違うけれど、副産物としてゴールドが採れるということですね。

池水　亜鉛や銅など、非鉄金属の副産物として出てくるのです。三菱マテリアルの場合、年間で30～40トンものゴールドを生み出しています。そこから生まれる利益は、彼らにとって重要なものになっています。三菱マテリアルはゴールドを産出するだけでなく、個人向けにゴールドを売っています。さらには純金積立も行っています。

菱刈金山を運営している住友金属鉱山も多くのゴールドを産出していますが、菱刈金山から採れるゴールドの割合はわずかです。住友金属鉱山はもともと亜鉛の精錬に強く、亜鉛鉱石から採りだすゴールドのほうが圧倒的に多いです。株式の世界で日本の金鉱株というと住友金属鉱山の名がよく挙がりますが、本来、住友金属鉱山株は金鉱株ではないのです。

ほかに日本の会社では東邦亜鉛やＰＰＣ（パンパシフィック・カッパー、三井金属とＪＸ金属のジョイントベンチャー）、ＤＯＷＡホールディングスなどの精錬会社がゴールドを生み出しています。

大橋　ただ日本の鉱山会社や精錬会社が生み出すゴールドは、世界的に見れば微々たるものであることも確かです。

日本でゴールドの密輸入が絶えないわけ

池水　稼働中の金鉱山が一つしかない日本はゴールドの輸入国ですが、前項で書いたとおり、日本のゴールドの大部分は輸入される銅鉱石や鉛亜鉛鉱石に含まれる副産物として生産されるものです。なので、ゴールドという形での輸入は現状ではあまりなく、じつは日本はゴールドの圧倒的輸出国なのです。そこにはからくりがあります。まず、日本に入ってくるゴールドについてお話しします。

日本の場合、ただのゴールド輸入ではなく、密輸入によって入ってくるゴールドが少なくありません。なぜ密輸入が絶えないかというと、そこには日本の消費税の問題がありま す。

海外では、投資用の地金やコインなどは「マネタリーゴールド」と呼ばれて通貨とほぼ同じ扱いなので、このようなゴールドの売買に消費税のような付加価値税はかかりません。一方日本では、ゴールドはほかの商品と同じように10％の消費税の対象です。日本でゴールドを管轄しているのは、金融庁でなく経済産業省です。金融庁の管轄なら消費税がかからなかったかもしれませんが、経済産業省の管轄ということもあり、消費税の課税対象になっています。

大橋　日本でゴールドを買うと、10％の消費税がかかります。一方ゴールドを売ると、今度は10％の消費税が還ってきます。

池水　これは極めてユニークな制度です。

大橋　海外では消費税がかからないので、たとえば1000万円の値付けのゴールドなら、そのまま１０００万円で買えます。この１０００万円のゴールドを密かに日本に持ち込んで１０００万円で売ると、消費税分の１００万円が手に入るというわけです。つまり１００万円分の儲けになる。

池水　ゴールドは、つねに世界で一物一価になっています。同じ日の同じ時間であれば、世界のどこで売買しても同じ値段です。もしゴールドが一物一価でなく、世界の都市のそれぞれの市場で変動していれば、トレーダーは安い市場で買って高い市場に売りますが、ゴールドでそれはできません。

日本のゴールド価格も、同じ日時なら香港やシンガポールと同じですが、日本では買うときに10％の消費税を別途に納めます。逆に日本では売るときは消費税10％分が渡されるので、海外で買ったものを日本で売れば、事実上10％の利益が出るのです。

たとえば香港で買ったゴールドを日本に持ち込み、同じ価格で日本で売れば10％分儲かります。ただしこれは違法で、純度90％以上のゴールド１キロ以上を日本に持ち込む場合、本来は日本政府に申告する必要があります。

このゴールドは消費税の対象になり、10％の消費税を納めなければなりません。代わりにゴールドを日本で売ったときには、消費税10％分が戻ってきます。これでプラスマイナスゼロになるわけですが、消費税を納めたくない人たちが申告せず、密かに持ち込むのです。この「ゴールド密輸」が、日本では横行しています。

大橋　ゴールドを荷物に紛れ込ませたり、体内に入れたりして密輸する人が後を絶ちません。日本の税関がいくら取り締まっても、そこをかいくぐって来るのです。

池水　空港に行くと「金を国内に持ち込む場合は申告してください」などと書かれたポスターを見かけます。これは密輸防止のためです。

ゴールドの密輸は、すでに組織的犯罪になっています。空港から持ち込むのではなく、北朝鮮からのゴールドを九州沖で受け取って日本に持ち込んだり、中国からのゴールドを東シナ海で受け取って日本に持ち込むといったケースが多々あります。税関当局の目をかすめて日本に持ち込まれているゴールドは、かなりの量になっていると思います。

大橋　我々の税金が消費税の還元という形で、ゴールドの密輸業者に流れているのですね。由々しき問題です。

消費増税で「いまのうちに買っておけ」と言われた理由

大橋　密輸の話も含めて、ゴールドの売買への消費課税はやめたほうがいいと思いますが、消費税があることで合法的に得することもあります。これは消費税が上がったときに起こります。

たとえば消費税5％時代にゴールドを買った人が、10％時代に売ったときです。買ったときは5％しか消費税を納めていないのに、売るときは10％の消費税を受け取ることになります。かりにゴールドの価格が上昇せず、購入時と同じでも消費税5％分の利益が出るわけです。

池水　いわば益税です。

大橋　かつて消費税が8％、10％と上がる以前、「いまのうちに買っておけ」という話がゴールドの世界ではよく言われました。日本では「消費税は25％まで上げるべき」といった議論もありますが、本当に消費税を25％に引き上げることになれば、10％のうちに買っておけば、売るときに15％分得することになります。

池水　消費税の基本的な考え方は、その商品やサービスを消費する人が消費税を負担するというものです。ゴールドも同じで、ゴールドを買った人が消費税を負担します。その後ゴールドを売れば、今度は買った人が消費税を負担します。同時に売った人には、その消費税が還付されます。
消費税は、最終的にその商品やサービスを消費する人が負担するのが大原則です。ところがゴールドは消費できない物質なので、ゴールドを消費する人はいません。だからゴールドの消費税は売り手と買い手の間で、ぐるぐる回ることになります。いわばゴールドを保有している間だけ、消費税を負担するのです。だから手放せば消費税が戻ってくるのです。

大橋　ただゴールドの売買への消費課税が、犯罪者集団につけこまれていることも確かです。ならばいっそゴールドに対する消費課税をなくしたほうがいいように思います。

池水　現実的には難しいです。ゴールド製品には、いろいろなものがあります。ゴールド製の指輪もあれば、金歯もあります。ゴールドに消費税をかけないとなれば、指輪や金歯まで無税になります。このあたりをどう区別するかという問題があります。
しかも消費税が導入されてから、すでに40年近い歳月が流れています。いきなりゴールドに対する課税をなくすと、かつてゴールドを買ったときに消費税を納めた人が、売るときは還付されないという不公平が生まれます。そもそも国家がいったん賦課した税金をなくすのは非常に難しいのです。

大橋　西欧諸国では景気の悪いときは、時限的に消費減税を行ったりしています。財政規律にうるさいドイツですら減税します。アメリカでは大統領が票を得るため減税することも珍しくありません。

池水　そうした減税はゴールドのみを対象にしたものではありません。また課税そのものを放棄したわけでもありません。いったん賦課した税金を撤廃するのは、欧米でも難しいのです。

いずれにせよ日本のゴールド産出がごくわずかなのに、ゴールドの輸出国になっているのは、ゴールドの密輸が横行しているからです。密輸されたゴールドの需要が国内にさほどなければ、今度は輸出することになるからです。使わないゴールドを国内で保管しておくと、保管料がかかりますから。

大橋　ゴールドの保管料はバカになりません。

池水　ゴールドは高額なので、しかるべき場所に保管する必要があります。保管コストを考えると、大量のゴールドを長く保有するのは非効率というわけです。

しかもゴールドはほとんど金利がつかないので、持っているだけでは利益を生みません。同じ金額なら通貨で持っていたほうが、運用益を得ることができます。そこから日本の商社や銀行は、基本的にゴールドを持たないようにしているのです。海外に目を向けると、中国や東南アジア、インドなどではゴールドを買うことに積極的です。こうした国々に輸出するのです。

大橋　石油の世界も同じです。日本国内で余っている石油があれば、海外に輸出しています。日本は石油産出国ではありませんが、輸入した石油が国内でダブつけば過剰在庫となり、これを嫌って石油が欲しい国に売るのです。

池水　ただ、こうした傾向は今後変わっていくかもしれません。ゴールドの値上がり傾向が続くなら、保管料を払っても国内に置いておいたほうがいいという判断にもなります。

大橋　そうですね。

新興国のゴールド買いで需給バランスが崩れだしている

池水　近年のゴールドの値上がりは、需給バランスが大きく崩れた結果ともいえます。供給面では、すでに述べたように、金鉱山や都市鉱山から安定的に供給され、ゴールドが枯渇しているわけではありません。問題は需要面なのです。

大橋　金鉱山から毎年３５００トン前後のゴールドが生産されています。ところが先に述べたように２０２２年以降、このうちの１０００トンを新興国の中央銀行が買い集めるようになっているからですね。

これまで新興国の中央銀行は、これほどのゴールドを買ってきませんでした。それがウクライナ戦争以降、ゴールドに注目しだし、流れが変わったのです。

池水　つまり新興国の中央銀行により、ゴールド市場から毎年１０００トンずつゴールドが消えているのです。これもゴールド価格が高騰している一因です。

大橋　新興国の中央銀行によるゴールド買いは、今後も続くと考えられます。これからは毎年新たに生産される３５００トンのうち、２５００トンだけを分け合うことになるのです。

中央銀行がゴールドを買い求める理由は、貴金属の中で唯一、中央銀行の外貨準備に組み込めるという特殊性があります。ゴールドは通貨の代替、あるいは通貨そのものといえる存在で、各国の外貨準備にはドルや円、ユーロ、人民元などとともにゴールドも含まれているのです。

一方でシルバーやプラチナは、外貨準備に入りません。シルバーやプラチナはたんなる産業メタルであり、ゴールドのみが特別なメタルなのです。

池水　最近ロシアが外貨準備として、ゴールド以外の貴金属を含めようとしていることが話題になっています。プラチナやパラジウムのみならず、シルバーまでも外貨準備に組み入れようというのです。このロシアの目論見が実現すれば、ゴールドのみが高くなる時代から、別の時代になるかもしれません。

大橋　ロシアはさまざまな貴金属の産出国です。プラチナやパラジウムも生産していますから、その強みを金融の世界に活かそうとしているのかもしれません。

ETFゴールドが新たな実需を生んだ

大橋　需要という面では、ゴールドマーケットにはさまざまな会社、機関、個人が参加しています。具体的には各国の中央銀行のほか、商社や鉱山会社、実需ヘッジャー、機関投資家、個人投資家などがあります。

このうち中央銀行が買うゴールドは基本的に金の現物で、これを市場から時価で買い集めています。もちろん自国で掘ったゴールドを買い上げることもあります。ロシアはその典型的な例だと言えます。

一方、もう一つの大きなプレイヤーである機関投資家は、中央銀行のような現物の売買はしません。先物市場にも基本的に参入しません。彼らはゴールドの取引をＥＴＦ（上場投資信託）市場を使って行っています。機関投資家のポートフォリオに組み込まれているのはゴールドＥＴＦです。

池水　ゴールドのＥＴＦは、いわばコロンブスの卵のような金融商品です。ＥＴＦが登場するまで多くの機関投資家は、ゴールド投資に興味があっても、なかなか手を出せませんでした。先に述べたように、ゴールドは運搬や保管などに手間とコストがかかるからです。

多額の資産を運用する機関投資家の場合、扱うのは株式や債券、投資信託などの金融商品が中心でした。そこに登場したのがゴールドのＥＴＦです。

ゴールドＥＴＦは投資信託です。機関投資家は、これまでも投資信託を手掛けているので、ゴールドＥＴＦは大歓迎です。保管の心配もなく、ただの投資信託として活用できるからです。

大橋　ゴールドETFは、まず2003年にオーストラリアの証券取引所で上場し、続いて2004年にアメリカでも上場しました。その後、市場関係者の予測を超えるペースで拡大し、世界各国の証券取引所で次々と上場されています。

ゴールドETFの可能性に目をつけたのは、ジェームス・バートンというアメリカ人です。彼はカルパース（カリフォルニア州職員退職年金基金）というアメリカ最大の公的年金基金のトップにいた人物です。

池水　バートンは将来の年金給付のために多額の資産を運用する立場にいました。彼は機関投資家がゴールドマーケットに参入できないことに、もどかしさを感じていました。そこでゴールドの調査研究機関ワールド・ゴールド・カウンシルに移籍し、ゴールドETFを生み出したのです。

大橋　ゴールドETFの誕生により、機関投資家はこぞってゴールドをポートフォリオに組み込むようになりました。ゴールドETFの誕生時期とゴールド価格が上昇しだす時期がピタリと重なることからも、このことがわかります。

池水　ゴールドETFがユニークなのは、投資信託でありながら投資家がゴールドを買っている点です。投資家がゴールドETFを買うと、ゴールドETFの運用者はその分の金地金を市場で買いつけているのです。

買いつけた金地金は倉庫に大切に保管されています。カストディアンという倉庫会社が請け負い、カストディアンはゴールドを倉庫に保管するとき「ゴールド預かり証」という証券を発行します。これは投資家に渡さず、金地金と一緒に保護預かりとなっています。

世界最大のゴールドＥＴＦは、ニューヨーク証券取引所に上場されている「ＳＰＤＲ　ゴールド・シェア」です。現在の残高は３０００トン台で、これはトップクラスの中央銀行のゴールド保有量に匹敵するほどです。

大橋　２０２３年はアメリカの金利高により、ゴールドＥＴＦ市場から資金流失が続きました。それでも３０００トンを超える保有残高があるのです。

投資家たちがゴールドを保有しつづけるのは、ゴールドが株や債券と異なる値動きをするからです。投資家がゴールドＥＴＦを買うと、その分だけゴールドが市場で買われる。つまり実需が増えるので、ゴールド価格も上がるのです。ゴールドＥＴＦの残高もこれからのゴールド価格の値動きを予測するうえで大きな要因になります。

投資家がゴールドの価格を決める時代

大橋　ゴールドETFを運用するのは、いずれも莫大な資産を持った機関投資家です。ジェームス・バートンのいたカルパースが典型で、規模の大きな年金基金がポートフォリオにゴールドETFを組み込んでいます。ノルウェーの年金基金もゴールドETFを組み入れています。

池水　国家が運営するソブリン・ウェルス・ファンドなどもゴールドETFに手を出しています。最近のニュースで興味深いのが、テューダー・インヴェストメント・コーポレーションを率いるポール・チューダー・ジョーンズの発言です。

大橋　有名なヘッジファンドです。

池水　ジョーンズは「すべての道はインフレに通じる」と発言し、ゴールドと暗号資産（仮想通貨）を長期保有すると述べています。ジョーンズによると、コモディティは買われなさすぎるのです。

大橋　ゴールドも買われなさすぎで、放ったらかしということです。

池水　だからジョーンズは、ゴールドとビットコインをメインに据えるというわけです。もちろん彼以外の多くのヘッジファンドの運用者も、ゴールドでパフォーマンスを上げようとしています。ＥＴＦだけでなく、現物を積極的に買うところも少なくありません。

大橋　これだけ価格が上がりつづけているのだから、ゴールドを買わない運用者はパフォーマンスが上がらない責任を問われ、クビになりかねません。

池水　いまや投資家は、ゴールド価格を決める最大の勢力になっています。貴金属としてプラチナやシルバーより役に立たないのに最も高値なのは、ゴールドの価格が実需以上に投資家によって決まっているからです。投資家はプラチナを買いません。だからプラチナはゴールドよりも安いのです。

この投資家という要素が、ゴールドを巡る大きな特徴になっています。投資家の動向でゴールド価格が決まる限り、プラチナの価格がゴールドの価格を超えることはないでしょう。

大橋　ゴールドとプラチナの価値は、大きく逆転しました。池水さんも私も、プラチナのほうがゴールドより高い時代を経験しています。

現在1トロイオンスのゴールドは2700ドル程度ですが、かつてプラチナが2000ドルであった時代がありました。それがいまや900〜1000ドル程度と、ゴールドの半分以下に落ちています。

プラチナ価格が下がったのにはプラチナの需要が落ちてきたという事情もありますが、ゴールドが上がったからという側面も大きいのです。

池水　もし投資家の目がプラチナに向かう時代が来れば、プラチナ価格が上がる可能性もあります。ただいまのところ投資家は、ゴールドしか見ていません。

ゴールドマーケットで稼ぐ個人投資家

大橋　ゴールドマーケットで稼いでいるのは、機関投資家だけではありません。個人投資家でもゴールドマーケットに参加して、大きな収益を上げている人は少なくありません。ゴールドETFを買っている個人投資家もいれば、先物市場を動かしている個人投資家もいます。

TOCOM（東京商品取引所）でゴールドの先物取引のトレードコンテストが行われた

際、表彰式の司会を担当したことがあります。ゴールドやプラチナなどのコモディティを３カ月間取引して、トレーディング収益を競うコンテストです。

入賞したのはみな個人の投資家で、運用額は何億円といった人たちばかりでした。優勝者である60代の女性はゴールドの先物だけを扱い、驚くことに、運用益で家まで買っていました。

池水　私も物凄い量のゴールドを取引している個人投資家の女性に会ったことがあります。彼女は先物市場で８００枚のゴールドを取引していました。この投資家は大橋さんが言っている人ですね（笑）。

ゴールドの先物市場の取引単位は枚で、取引銘柄によって１枚あたりの重さが違います。ゴールドの標準先物では1枚が1キログラム、ゴールドのミニ先物では1枚が１００グラムになります。ニューヨークのＣＯＭＥＸ（コメックス）では、１枚が１００トロイオンスです。

大橋　先物取引は証拠金取引ですので取引に使う資金は少額で済みますが、現在ではゴールド価格が上昇し高くなったため、日本の標準先物取引で１枚取引する証拠金は50万円程度にもなっています。（２０２５年1月現在）いったいどれだけの金額を動かしているのか……。そういう個人投資家が日本にも少なからずいるのです。

先日行われた個人投資家を集めたイベントでも、ゴールドの先物取引をしている人がけっこういました。なかには1年で資産が3～4倍に増えたという人もいましたね。

池水　ゴールドの個人投資家というと「山師的」なイメージを持つ人もいますが、基本的には株を大規模に取引している人たちと同じです。ただ投資の本流はやはり株で、ゴールド投資をする人は、何らかの理由でゴールドに向かったと思います。その理由が何かが知りたいところです。

私の場合、職業としてゴールドに関わってきました。おかげでゴールドマーケットに詳しくなりましたが、売買という意味では株のほうが面白いと思っています。ゴールドは「ゴールド」という1銘柄しかないのに対し、株はいろいろな企業の銘柄があります。しっかりした会社の株を長期で保有すれば、確実に儲かります。

大橋　ゴールドと同じで、株も長期で持っていれば株価は上がっていきます。経済が成長していくことを考えれば必然です。

池水　ゴールドは売買で儲けるというより、ただ持っているだけで価値が上がっていくイメージです。

大橋　その意味ではゴールドは退屈なところがあります（笑）。

池水　株に対して人はアクティブになりやすいのに対し、ゴールドはアクティブになりにくい面があります。価格が上がる局面では、あまりすることがありません。価格が下がったら少し買い足しを考える。

個人的には２０２４年のようなほぼ上昇一辺倒のマーケットは機械的に買ってくれる「積立」に任せて、スポット買いに動いたのは8月5日のブラックマンデーでの下げと米大統領選挙後の下げのときだけでした。

大橋　ゴールドに向かう個人投資家は、レバレッジ好きが多いように思います。

池水　先物取引をする人は、とくにそうです。ただし現物を好む人たちもいます。

大橋　価格が下がると、すぐに店頭に行く人もいます。価格動向をまめにチェックし、チャンスと見ればゴールドを買い足すのです。

池水　昔は、そういう人が多くいました。ＥＴＦのない時代は現物を買うしかありませんでしたから。田中貴金属の銀座本店に長い行列ができることも、しばしばでした。

大橋　田中貴金属は日本最大の地金商です。かつてはゴールド価格が上がると、地金商の前では行列ができました。ゴールドを買いに来る人もいれば、「いまが売りどき」とゴールドを売る人もいました。

池水　いずれにせよ、ゴールド市場は投資家の存在が大きくなっているということです。

第4章

ゴールドのマーケットは、どのように形成されるのか

ゴールド価格の基礎となる「ロコ・ロンドン・スポット価格」とは

大橋　3章では、ゴールドにおける需要と供給の関係を見てきました。ここからはゴールドのマーケットが、具体的にどのように形成されるのかを見ていきたいと思います。

ゴールド価格は市場で決まります。なかでも最もポピュラーな市場を「スポット市場」といいます。ただスポット市場といっても、一般の方には「それは、何？」という感覚かもしれません。

池水　ゴールドのマーケットは基本的に、スポット市場と先物市場があります。このうちスポット市場は、現在の価格（スポット価格）で売買される市場です。好きなときに売買でき、最も一般的な市場です。

ゴールドのスポット市場の仕組みは、為替市場とまったく同じです。為替市場はテレビやラジオなどで「本日の円とドルのレートはいくら」などと日々の値動きを報じています。ゴールドのスポット市場も同じように、新聞などで「本日のゴールド1トロイオンスは何ドル」「本日のゴールド1グラムは何円」などと報じられます。

大橋　スポット市場に参加しているのは銀行や商社などです。彼らは相対で取引しています。

池水　スポット市場の決まりごとの一つは、売買から2営業日後に決済することです。たとえばA銀行がB銀行から、水曜日に1トロイオンス＝2700ドルで買ったとします。すると2日後の金曜日に、A銀行はB銀行へ売買分の代金2700×1＝2700ドルを振り込みます。

スポット市場におけるゴールド価格形成の最も根底にあるのは、ロコ・ロンドン・スポット価格です。一般にドル建てのゴールド価格は、このロコ・ロンドン・スポット価格を指します。「ロコ」は場所を表す接頭語で、ロンドンで受け渡しすることを意味しています。

ロンドンの名が付くのは、先に述べたように大英帝国の時代、ロンドンがゴールドの集積地だったことによります。ゴールドにはそもそも国籍というものがありませんが、当時、ゴールドの受け渡しはロンドンの銀行で行うのが慣例でした。

その歴史的経緯から、いまでもロンドンがゴールドの受け渡し場所になっているのです。そのためドル建てゴールド価格であっても、ロコ・ロンドン・スポット価格と呼ぶようになったのです。

たとえばドル建てでゴールドを買ったとき、取引をニューヨーク市場で行っていても振り込まれるのはロンドンの口座です。ゴールドを取引する会社は、みなロンドンのクリアリングバンクにゴールド口座を持っていて、そこで受け渡しをしているのです。ちなみに2025年現在、ゴールドのクリアリングバンクはＨＳＢＣ、JP MorganそしてICBC Standard Bankの三行です。

大橋　ロコ・ロンドン・スポット価格という名だからといって、ロンドン市場での価格ではないということです。

池水　ロコ・ロンドンといっても場所は関係なく、ゴールドは24時間、世界のどこかで取引されています。その取引の動きは、太陽の動きに従います。月曜日の朝にオーストラリアとニュージーランドの市場で取引が始まり、続いて東京、香港、シンガポールと、しだいにアジアでも市場が開いていきます。

さらにヨーロッパのチューリヒ、ロンドンに移ったのち、ニューヨークで開場します。ニューヨークでの取引が終わる頃には、再びオーストラリアとニュージーランドで始まります。金曜日の夕方、アメリカでの取引が終わると、ゴールド市場の1週間が終わります。

ただし取引市場といっても、証券取引所のような建物があるわけではありません。たんにその地域の銀行や商社が売買を行うだけで、たとえば東京で取引が活発な時間帯を「東京市場」と呼ぶだけです。

大橋　朝、オーストラリアのシドニーで始まる「シドニー・タイム」からスポット市場は少しずつ動きだしますが、この頃はまだ市場の厚みは薄いです。

池水　私はトレーダーをしていた時代、朝はシドニー市場で取引していました。確かに市場は薄かったと記憶しています。つまり参加者が少ないのです。

日本で午後3時頃になると、スイスのトレーダーたちが盛んに動きはじめます。スイスと東京、香港、シンガポールで活況を呈し、夕方4時から5時にかけての日本市場が終わる頃にロンドンのトレーダーが参加してきます。

以後ヨーロッパがメインとなり、ロンドンが昼を迎える頃に今度はニューヨークのトレーダーたちが入ってきます。そこからニューヨーク中心の時間になって、ニューヨーク市場が終わるのは、東京が朝5時か6時頃です。東京が始まるまで少し時間の空きがありましたが、いまはすべて電子取引なのでほぼ24時間、取引できます。

日本でゴールドを買うなら円建て価格、世界の動きを見るならドル建て価格

大橋　日本人が知っているゴールドの価格には、ドル建て価格と円建て価格がありま す。日本人は円建て価格で見がちですが、世界の基準はドル建て価格です。

池水　いまならゴールド相場を考えるとき、ドル建て価格で見たほうがいいと思いま す。ゴールドに限らず、すべてのマーケットの根底にあるのはドルですから。為替と同じです。ドルと円、ドルとユーロの関係は重要ですが、円とユーロの関係となると、さほどでもありません。第2次世界大戦後、世界経済はアメリカを中心に動いているので、ドルが経済のすべての価値をはかる基準になっているのです。ゴールド市場もドルが中心で、1トロイオンスのドル建て価格からすべてが始まるのです。

ただし日本で買うときは、円で買うのが一般的です。このとき1トロイオンスあたりのドル建て価格を、円に換算する必要があります。日本ではグラム単位で取引されますから、重さもトロイオンスからグラムへの換算が必要です。

大橋　円建ての金価格は、1トロイオンスあたりのドル建て価格を為替計算して円建て

に直し、31・１０３５（グラム）で割ると出てきます。これがゴールド１グラムあたりの円価格になります。

池水　たとえば、ある日の午前9時半の金１トロイオンスあたりの価格が２７７９ドルで、１ドルが１５３円30銭だったとします。これを円建てに換算する場合、２７７９×１５３・３÷31・１０３５で計算します。これでゴールド１グラムが１万３６９６円とわかります。

ただし小売り価格となると、さらに計算が必要です。日本では10％の消費税がかかるので、円建て価格に１・１を掛けます。円建て価格が１万３６９６円の場合、消費税を入れると１万５０６６円になります。

これに売値と買値の値差、つまりスプレッドも加わります。要は地金商が取る手数料で、１グラムあたり40～60円程度なので小売値は１万５１００円ほどになるわけです。

その日の店頭小売り価格は午前9時半の円建て価格で決まってくる

池水　日本でのゴールドの小売り価格で重要なのは、午前9時半の円建て価格です。この時間の円建て価格をベースに、全国の地金商たちが、その日の店頭価格を決めるからです。

大橋　地金商のホームページには「本日は一日中この値段で売買します」といった説明とともに、その日の店頭小売り価格が表示されています。もちろん毎日変動します。

池水　日本の店頭小売り価格は、基本的に横並びです。田中貴金属がまず店頭小売り価格を決めると、あとの地金商は右に倣えで、田中貴金属の値とほぼ同じにしています。

ゴールドの価格は24時間ずっと変動していますが、日本の地金商は午前9時半に決めた小売り価格をその日一日の固定価格にしています。午前9時半に金1グラム＝1万４０８８円だったら、その日はずっと1万４０８８円になります。

大橋　たとえば午後になって暴騰しても、同じ価格ですか？

池水　市場価格がよほど高騰したり暴落したりすると、さすがに途中で改定します。ただしよほどの場合であり、通常は改定しません。そもそも地金商は1グラムあたりの小売り価格を市場価格より40～60円高く設定しています。

逆に買い取り価格は、市場価格より40～60円安くしています。これが高騰や暴落したときのバッファーにもなっているのです。

なぜ日本のゴールドは「キログラム」表記なのか

大橋　トロイオンスは、日本では馴染みの薄い単位です。日本ではゴールドの重さを表すとき、キロやグラムを使います。なぜ、このような違いが生まれたのでしょう。

池水　世界では貴金属の取引にトロイオンスを使うのが一般的です。ところが日本の場合、明治政府がキロ・グラム・メートル法を導入して以来、金の重量もキロ、グラムで表すと決めたようです。

大橋　日本以外にトロイオンスでなく、グラムを使う国はありますか？

池水　たくさんあります。そもそもゴールドバー（金地金）の標準は1キロで、1トロイオンスではありません。だから現物の取引が中心である国ではグラムが単位基準になります。

大橋　ゴールドのコインは、1トロイオンスが基準ですね。10分の1トロイオンスコインもありますが、ゴールドバーは確かに100グラム、1キロといった単位です。

池水　香港では「両（テール）」をゴールドの重さの単位にしています。1テールは

37・7994グラムで、香港には餃子を裏返したような形をしたゴールドバーがあり、これも重さは1テールでつくられています。

さらにいえば中国ではグラムあたりの人民元建て価格、インドではグラムあたりのルピー建て価格です。

大橋 その国の文化によって、ゴールドの重量の単位も違えば、取引の通貨も異なるということですね。

ドル建てゴールドも円建てゴールドも上がる時代

池水 先に述べたように、ゴールドのドル建て価格を円建てに変換するとき、ドルと円の為替レートが絡んできます。これはゴールドの円建て価格が、ドル対円の為替変動の影響を受けるということです。

かりに価格の変動がないとして、対ドルで円が安くなるとゴールドの円建て価格は上昇します。逆に円高の局面では、円建てゴールド価格は下がります。

大橋 教科書的にはそのとおりですが、現実はそうならないこともありますね。

池水　現実の動きが違うのは、ドルが通貨の代表だからです。たとえば「ドルが下がる」と思えばリスクヘッジでゴールドを買う人が増え、ドル建てゴールドの価格が上がります。ただドル安は円高でもあるので、他の輸入品の価格が下がるのと同様、円建てゴールドの価格も下がる方向に動きます。結果的に両者が相殺されて、ゴールドの円建て価格がほとんど動かないこともあります。

大橋　円建てゴールドは、ドル建てゴールド価格とドル円相場のふたつの変動によって価格形成されるということを覚えておくといいでしょう。その池水さんが指摘する、通貨の代表であるドルは、２０２０年に始まったコロナ禍以降、凄まじい量のバラマキが行われました。さらに２０２２年のロシアによるウクライナ侵攻で、基軸通貨ドルに対する見方に大きな変化が生じはじめています。ドル高なのに、ドル建てゴールドの価格が上がる現象が起きているのです。

通常、ドル高円安の時代はドルが買われるため、ゴールド価格は下がります。けれどもゴールドは売られず、価格が上がるという構造的な変化が起きています。さらに、為替市場では日本の政策金利がドルと比較して低く抑えられつづけていることから円安が続いているために、円建てゴールドの価格はドル建てゴールド価格高と円安の両方の影響を受けて、ドル建てゴールド価格を凌ぐ大きな上昇を見せているのです。

数カ月後のゴールド価格を決める先物取引市場

池水　ゴールドのマーケットにはスポット市場のほかに、先物市場があります。スポット取引が売買の2日後が決済日なのに対し、先物取引は売買の数カ月、さらには数年後が決済日になります。つまりゴールドをある期日に売買することを約束して、その売買価格を現時点で決めるのです。

大橋　もちろんゴールドの将来の価格がどうなるかは誰にもわかりません。占いではありませんから。

池水　先物市場は、そこがよく計算されています。先物市場で取引のベースとなるのはスポット市場、つまり現在の価格です。先物市場はスポット市場と連動していて、スポット価格がいくらかが重要なのです。そこからコストを計算して、いくらで取引するか決めるのです。

このときのコストとはお金の金利とゴールドの金利です。先物の価格は、現物を買って、それを先物の期日まで保有するコストで考えることができます。たとえば1年の先物であれば、まずスポットでゴールドを買ってそれを1年保有するためのコストが1年間その代金を調達するコスト、つまり1年金利がかかります。しかしその買ったゴールドを1年間貸し出して運用することができます。つまりゴールドの1年金利で運用するということになり、1年先物の価格は、資金の金利（支払い）マイナスゴールドの運用金利（受け取り）で計算されるレートで理論値が出てきます。たとえば1年の通貨を借りる金利が2%、1年間ゴールドを貸し出して得られる金利が1%とすれば、先物の価格は現物よりも1%高い価格になるはずです。実際の先物取引所での1年先物のゴールド価格がこの理論的先物価格から大きく乖離していれば、当然裁定取引の対象となります。

多くの場合、資金調達に伴う金利のほうがゴールドの金利より高いので、その分、先物価格はスポット価格より高くなります。この先物価格がスポット価格より高い状態を「コンタンゴ」といいます。

大橋　つまり先物価格のほうが高いのが、ふつうの状態です。

池水　ただ稀にゴールドの金利のほうが、資金調達の金利より高くなることがあります。ゴールドの現物需要が強いときで、そうなると1年先の先物価格はスポット価格よりも安くなります。この状態を「ディスカウント」といいます。
ゴールドに限らず、とにかく現物需要が強いときは先物より現物のほうが高くなる傾向にあります。ゴールドは基本的にコンタンゴですが、同じ貴金属でもプラチナやパラジウムはディスカウントに陥りやすいといえます。ともに市場規模が小さく、産業需要が高いからです。

先物価格とスポット価格の乖離を防ぐ「裁定取引」

大橋　ゴールドの先物は半年後や1年後が多いので、その分、金利というコストがかかり、理論的には先物価格のほうが高くなります。ただ理論どおりに先物価格が形成されるとは限りません。売ったり買ったりする中で、ときどき理論どおりにならず、歪んでしまうことがあります。この歪みが取引のチャンスになります。

池水　ゴールドの先物取引は、たいてい反対売買で決済します。期限前であれば買い手はいつでも転売でき、売り手はいつでも買い戻しができます。そのためゴールドそのものの受け渡しは行わず、差額のみを決済します。

この反対売買を活用した「裁定取引（アービトラージ）」と呼ばれるものもあります。先物市場とスポット市場の値動きが１００％同じでないことに着目して、裁定取引者（アービトラージャー）が先物市場とスポット市場の両方に参加するのです。

裁定取引者となるのは商社や銀行です。裁定取引者は先物市場価格とスポット市場価格のうち安いほうを買い、割高なほうを売って儲けを出します。

大橋　つまり先物市場で売り注文を出し、スポット市場で買い注文を出す。あるいは先物市場で買い注文をして、スポット市場で売り注文を出す。これにより利益をあげていく手法です。

池水　先物価格がスポット価格と通貨の金利とメタルの金利（リースレート）から計算した先物理論値よりも高い場合、現物を買って借りて同時に理論値よりも割高な先物を売って、先物が理論値に戻ってきたら、先物を買い戻して現物を売り戻すことによりその割高分を利益として確定することができます。

一方ゴールドの現物が逼迫しているディスカウントの状態では、現物買いの度合いが強まるほどスポット価格は先物価格より安くなります。コンタンゴには金利という上限があります。それは金利を超えると裁定取引者にとってはリスクフリーの利益になってしまうからです。逆にディスカウントには限界がありません。現物がない場合、とにかくいくらになろうと現物買い先物売りのオペレーションで現物を手に入れる必要があるからです。

こうして裁定取引者が抜け目なく裁定取引をすることで、一時的に乖離していた先物市場の価格とスポット市場の価格は、すぐに接近していきます。そして再び二つの価格が乖離すると、すぐに裁定取引者が動き、利益を得ようとします。

つまり裁定取引が頻繁に行われることで、先物市場とスポット市場は連動性が保たれているのです。

大橋　慣れないとややこしく感じるかもしれませんが、こうした市場の連動の仕組みを知っておくと、スポット市場で次に起こることの予測もしやすくなります。

池水　先物取引では、約束の期日を迎える月を「限月《げんげつ》」といいます。限月の末日を「納会（清算日）」といいます。先物市場では取引を限月ごとに行い、価格も限月ごとに形成されます。理論上は限月を迎えると、先物市場価格はスポット市場価格に近づき、納会日にスポット市場価格と一致します。

大橋　ただ市場の動きが、思惑と反対に動くこともあります。その結果、清算機関に預けておいた証拠金が大きく目減りすると、追加の保証金を差し出さなければならなくなります。そこはリスクでもあります。

なぜ、ゴールドの先物取引は人気なのか

池水　いま「証拠金」という言葉が出ましたが、まさに証拠金はゴールドの先物取引の特徴です。清算機関に証拠金を納めることで、商品価格の10倍の取引ができるのです。つまり少ない資金で大きな取引ができ、これが投資家にとって大きな魅力になっています。もちろんハイリスク・ハイリターンの一面もあります。

持っている資金が同じでも、先物取引で動かすゴールドの量は、個人がゴールドを買うよりもはるかに大きくなります。たとえば、ある人が「これからゴールドが上がるから買おう」と思ったとき、地金商に行くのが一般的です。地金商で現物のゴールド１００グラムを買う場合、いまなら１４０万円ぐらいの現金が必要です。

ところが先物市場で買う場合、現在の価格の10分の１の証拠金を納めればすみます。14万円で１００グラムのゴールドが購入可能で、１４０万円あるなら１キログラムのゴールドが買えます。

大橋　地金商で買うのはスポット市場から回ってきたゴールドです。これを買って1、2年保有したのち売っても、さほど利ざやは取れません。それが先物市場なら現金140万円で実質1400万円分買えるので、売ったときの利幅も大きいのです。ちょっとした資金で大きな買い物をできるのが、先物市場の魅力です。しかも現物を動かさないので、保管のコストがかかりません。

池水　日本では投機や投資を「楽して儲ける悪いこと」のように見る人もいます。けれども投資や投機で参加する人がいて、初めてマーケットは成り立ちます。上がると思って買う人と、下がると思って売る人の双方がいるから市場は成立し、動いているのです。

先物市場もリスクを取りたい人と、リスクを抑えたい人の双方がいるから成り立ちます。とくにゴールドの先物市場では、多くの投資家たちが同じ取引所に集中しやすいため流動性と競争がうまく機能し、フェアな価格で取引できるのです。

大橋　2章で、鉱山会社がゴールドの先物売りをしているという話が出ました。これはリスクヘッジのためです。鉱山会社がこれからゴールドを採掘するとします。半年後にいざ市場で売りに出すときにゴールド価格が今よりも下がっていたら損失となってしまいます。そこで鉱山会社は先物市場を使って、いついつにいくらで売る、ということを先に決めてしまうのです。これが鉱山会社のヘッジ売りと呼ばれるものです。

いまはゴールド価格が上がる時代に入ったため、鉱山会社のヘッジ売りはほぼ必要がなくなりましたが、２０００年まではゴールド価格が下がることは珍しくありませんでした。このとき生産者が損をしないための機能が先物取引にはあったのです。

ゴールドの価格に最も影響を与えるＣＯＭＥＸ

池水　ゴールドの先物取引は、先物取引所で行います。ゴールドのスポット市場には建物のような実体はありませんが、先物市場では世界のいくつかの都市に建物があり、ここで売買されています。

世界で最も重要な先物取引所は、ニューヨークにあるＣＯＭＥＸ（コメックス）です。ＣＯＭＥＸは「Commodity Exchange」の略です。世界一のゴールドの先物取引所であり、ゴールドの価格決定に最も影響力を持っています。

１９３３年に設立され、当初はシルバーや銅、アルミなどを扱っていました。１９７４年にアメリカの法律が改正され、これまで禁じられていた個人によるゴールド保有が認められるようになりました。以後、個人投資家はゴールドを買いだし、コメックスもゴールドを扱うようになったのです。

コメックスはさまざまな経緯で、いまはＣＭＥ（Chicago Mercantile Exchange）に属しています。ＣＭＥには、もう一つの大きな先物取引所であるＮＹＭＥＸ（New York Mercantile Exchange）も属しています。ＣＭＥに吸収される前にＣＯＭＥＸはＮＹＭＥＸに吸収され、その後ＮＹＭＥＸがＣＭＥと一緒になったためにそのため金の先物市場はＣＯＭＥＸと呼ばれたり、ＮＹＭＥＸ（ナイメックス）、あるいはＣＭＥと呼ばれたりもします。

大橋　私はゴールドの先物市場といえばＮＹＭＥＸの印象があります。

池水　当時のＮＹＭＥＸはプラチナやパラジウムの先物を扱い、ＣＯＭＥＸはゴールドとシルバーの先物市場でした。私の世代のトレーダーの間では、ゴールドの先物取引の呼称はＣＯＭＥＸなのです。

大橋　私は、ちょっと若いわけです（笑）。

池水　いまの人たちはゴールドの先物取引といえば、ＣＭＥを挙げるようです。ＣＯＭＥＸ、ＮＹＭＥＸ、ＣＭＥは呼び方が違うだけで、世界最大のゴールドの先物市場のことです。

アメリカ以外のゴールドの先物取引所には、日本のＯＳＥ（大阪取引所）、中国のＳＨＦＥ（上海期貨交易所）などがあります。ほかにもさまざまな国がゴールドの先物取引所を試みましたが、ローカルで成功しているのはＯＳＥとＳＨＦＥだけです。ただし先物市場のみならず世界のゴールド市場の中心となっているのは、圧倒的にＣＯＭＥＸです。

私はニューヨークのＣＯＭＥＸのフロアに何度も足を運びましたが、かなり以前はトレーディングフロアでトレーダーたちが激しくやりあっていました。いまは完全に電子化され、トレーディングフロアからトレーダーたちの姿は消えました。ちなみにＣＯＭＥＸとＮＹＭＥＸがあったのはあの貿易センタービルでした。９・11の時点ではもう自社ビルを建てて引っ越していましたが。

現在ＣＯＭＥＸで行われる取引は、米国夏時間は日本時間の月曜日の朝７時に始まります。そこから日本時間の翌日朝６時までぶっとおしで取引が続き、６時から７時まで１時間だけ休憩があります。

大橋　コンピュータのメンテナンスのためですね。

池水　そうです。月曜日朝７時に始まった取引が終わるのは、日本時間の土曜日朝６時です。このあと土曜、日曜は世界中で休みとなります。
大橋　日本の先物市場は1年先物しかありませんが、ＣＯＭＥＸには2年先物、3年先物など、何年も先の先物が商品化されています。
池水　現在ゴールドの価格を決めているのは、ＣＯＭＥＸの先物取引です。いまから30年くらい前、私が最前線で取引に携わっていた頃のゴールド価格といえば、まずはスポット市場の「ロコ・ロンドン価格」でした。それがいまは逆転し、ゴールド価格の根源はＣＯＭＥＸの先物価格になっています。今ではほとんどのトレーダーがＣＯＭＥＸの価格から逆算する形でスポット価格を出しています。つまりゴールド価格の源泉はＣＯＭＥＸにあると言っていいでしょう。

先物投資はハイリスク・ハイリターンが基本

大橋　ゴールドの先物市場を動かしているのは、基本的に商社や銀行などです。個人が参加する場合、大阪取引所と堂島取引所で行うことができます。
池水　ゴールドの先物取引は、かつてはＴＯＣＯＭ（東京取引所）で行われていました。

ＴＯＣＯＭから０ＳＥに貴金属の先物取引が移され、いまＴＯＣＯＭで行われているのはエネルギー関連の先物です。また、２０２３年３月から、大阪堂島取引所でもゴールド、プラチナ、シルバーなどの貴金属先物取引がスタートしています。

昔のＴＯＣＯＭも現在の０ＳＥ、そして堂島取引所も、個人投資家がゴールドの先物売買に参加しています。ただし個人がゴールドを買う場合、現物を買って保管するのが一番安全なやり方です。リスクを取ってでも儲けたい人なら先物市場への参加もあるでしょうが、やはり個人にはリスクが大きすぎるところがあります。

大橋　ゴールドの先物売買は、うまく行けば利益も大きいですが、損が出るとお金があっという間に消えていきます。それこそ証拠金以上の損が出たら、追加でお金を入れなければなりません。そんなお金が手持ちにあるかどうかです。

池水　ゴールドの先物市場は、いまは25倍ぐらいのレバレッジが効きます。儲かるときは圧倒的に儲かりますが、損をするときは悲惨なくらい損が出ます。一方ゴールドの現物を持っている限り、損することはありません。たとえ価格が下がっても評価損が出るだけで、慌てて売らなければ損になりません。上がるのを待てばよいのです。

あるいは現物でなく、ＥＴＦに投資する手もあります。ＥＴＦは現物を買うより手数料が安く、ゴールド投資の第一チョイスに挙げてもいいぐらいです。

大橋　ＥＴＦは証券取引所に上場している投資信託ですから、東京証券取引所が動いているときにはいつでも取引できます。

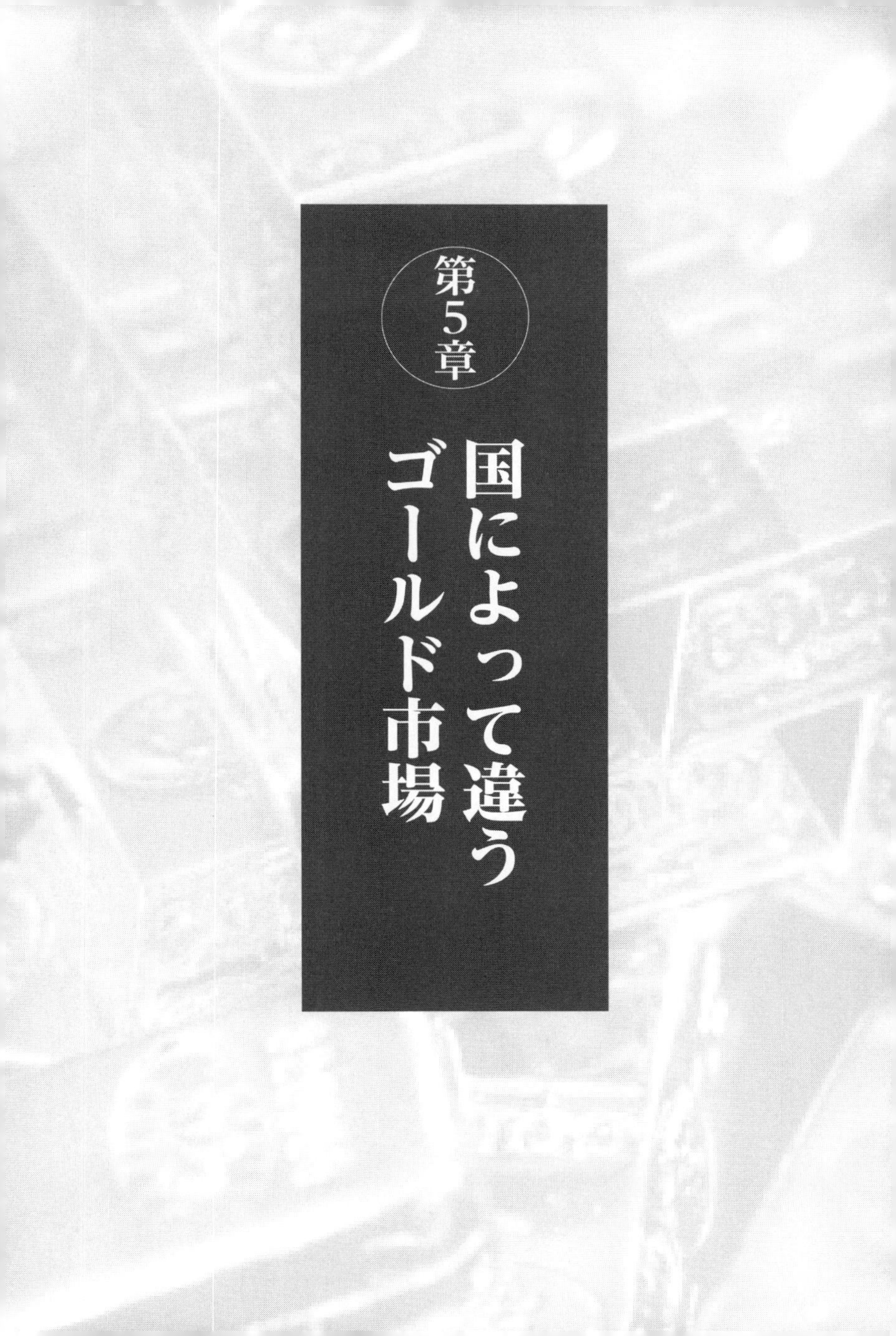

第5章

国によって違うゴールド市場

春節前に価格が上がる中国

大橋　ここまでゴールド投資の魅力や価格が決まる仕組みなどについて議論してきました。ただゴールドの面白さとして、たんに「儲かる」というだけでなく、国柄によって買い方や扱いが違うところもあります。これもまた他の金融商品にはないゴールドの魅力です。5章では、そうした「国ごとのゴールドへの向き合い方」の違いをご紹介したいと思います。

たとえば中国です。中国では春節といったおめでたいイベントがあると、ゴールドの需要が一気に高まります。春節は旧正月のことで、おおむね1月下旬から2月上旬にあたります。

中国人にとって一年で一番おめでたいイベントで、それに見合うものとしてゴールドで装飾された縁起物を使うのです。ゴールドの縁起物なら金運が高まり、福運も上がるというわけです。

前年の12月頃から中国市場ではゴールド需要が高まり、それが国際価格にも影響を及ぼしています。

池水　中国人にとって赤と黄色は、高貴の象徴です。とくに黄色は中華皇帝の色であり、別格の色です。ゴールドは黄色に通じる色ですから、中国人にとってゴールドはじつにありがたい色であり、お宝なのです。

さらにいまの中国人にとってゴールドは、中国国内で唯一、期待できる資産でもあります。このところ、日本やアメリカと対照的に、中国の株式市場はここ2年間下落を続けています。不動産価格も下がる一方です。そこから、これまで以上にゴールドへの関心が高くなっているのです。

大橋　中国の株や不動産価格の大暴落に加え、ドル高により人民元の価値も落ちています。何を持っていても資産が目減りする時代ですから、中国の富裕層は持っている資産をゴールドに換えようとしているのです。中国ではビットコインなど暗号資産も禁止されたので、なおさらです。

池水　中国では2021年に暗号資産の取引および採掘を全面禁止しました。残る投資先はゴールドぐらいしかなく、2024年に中国のゴールド買いが大きく伸びたのも、このことが大きいです。とくに個人がゴールドを多く買っています。

ただ最近の若い世代の感覚は少し異なります。彼らはプラチナも買うようになっています。昔は上海や北京の宝飾店に入るとキラキラした金ばかりでしたが、いま店内の半分近くはプラチナになっています。派手な金色よりもプラチナの銀色のほうが、クールで格好いいというのが、彼らの感性です。

中国で流行っているゴールドビーンズとは

池水　一方で中国の若者たちに人気のゴールドもあります。「ゴールドビーンズ」と呼ばれる、小さな豆粒のような形をしたゴールドです。わずか1グラムほどで、ゴールドを溶かして下にぽつりと垂らした一滴ぐらいの大きさです。

いまゴールドは100グラム＝140万円ぐらいですから、1粒を1万4000円ほどで買えます。これなら懐に余裕のない若者でも、手の届かない額ではありません。

大橋　たとえば毎月1粒ずつ買って、瓶の中に貯めていけば、見た目にもかわいいです。売り出せば日本でも人気が出る気がしますが、気になるのが真贋の鑑定です。そんな小さなものを鑑定できるのでしょうか。

池水　鑑定そのものはできますが、そのためのコストパフォーマンスが悪いのです。１粒１万４０００円のゴールドとなると、それほど鑑定料を取るわけにもいきません。それでいて手間は一般的な鑑定と変わりません。地金商からすれば、わりに合わない仕事になります。

地金商は現在、店頭でシルバーの現物を扱っていません。ネットで扱うだけです。これも価格が安すぎて、店頭で扱うにはわりに合わないからです。同じことがゴールドビーンズにもいえ、そう考えたとき日本での普及は難しいように思います。

大橋　ファッション感覚ならともかく、資産形成のための商品としては難しいということですね。そこが製造番号や重量、素材などがきちんと刻印されているゴールドバーとの違いですね。

ゴールド需要が高すぎて、つねに貿易赤字になっているインド

池水　ゴールド好きといえば、中国の人たち以上にゴールド好きなのがインドの人たちです。インドはまさに骨の髄までゴールドが染みこんでいるような国です。インドの人た

ちは文化的にもゴールドが大好き、ゴールドの装飾品を身につけるのも好きです。それも重さが合計20キロにもなる装飾品をたくさん身につける、とくに女性も珍しくありません。

大橋　ゴールドはインドの文化そのものです。インドでは婚礼となると、花嫁の実家が花嫁に持参金としてゴールドを持たせます。日本の結納品のようなものですが、ゴールドですから価格が半端ではありません。そのためインドでは娘が3人生まれたら、その家は持参金で破産するともいわれてきました。

インドでゴールドの需要が高まるのは秋です。インドはハイテク工業国を目指していますが、全人口の約50％が農業に従事する農業大国です。秋の収穫が終わると、農家にはたくさんのお金が入ってきます。そこから各地域でさまざまな祭が始まり、同時に婚礼シーズンとなり、ゴールドの需要が高まっていくのです。中国が春節の時期に需要が高まるのに対し、インドは秋という、お国柄の違いも面白いものです。

池水　インド人がいかにゴールド好きかというと、全世界に23万トンくらいあるとされるゴールドのうち、2万5000トンほどがインドにあります。個人が資産としてゴールドを求めるほか、宗教施設もゴールドをお布施などから保有します。インドのヒンズー寺院は金ピカで、ゴールドで装飾されています。

大橋　インドはつねに多くのゴールドを輸入しているので、恒常的に貿易赤字国になっているほどです。

池水　ゴールドに加えて原油も輸入しているので、どうしても貿易赤字になります。

大橋　インド政府は慢性的な貿易赤字を解消するため、ときどきゴールドの輸入関税を引き上げます。関税引き上げでゴールド価格が上がると、さすがのインドの人たちも買いが鈍ってきます。

ただ、それでもゴールドが欲しい人も多く、輸入関税を上げると密輸や不正が横行することにもなります。

池水　インドは２０２４年7月まで、ゴールドの輸入に13％という高関税をかけていました。その後、一気に６％まで下げました。その際、輸入関税について面白い話を聞きました。ゴールドを地金で輸入すると、13％の関税を取られます。そのため密輸も横行し、中東のドバイから船で密かに持ち込むケースが多かったようです。

これは違法な話ですが、業者によっては合法的に関税を安くしてインドに持ち込んでいました。海外でプラチナとゴールドを溶かしてプラチナ合金をつくり、これを輸入するのです。プラチナ合金なら、純金より輸入関税が低くなるからです。

大橋　合金だから「ゴールドではない」と言い張れるわけですね。

池水　プラチナ合金を輸入したのち、インド国内でプラチナ合金を溶かし、またゴールドとプラチナに分けます。そんなゴールドがインドではけっこう売られていたようです。合金をつくったり、溶かしたりする手間やコストがかかりますが、それぐらいゴールドに思い入れがあるのです。

こうした合法的な関税逃れや密輸が盛んに行わると、インド政府は取れるはずの関税を取れなくなります。やむなく２０２４年７月に関税を大幅に引き下げ、その結果インドの人たちは、またもゴールドを爆買いするようになったのです。

大橋　世界では多くの人が、ゴールドを投資対象と考えています。とくに欧米諸国は金利の高い時代はドル買いの方向に向かい、ゴールドには目が行かなくなります。けれどもインドの人たちにとってゴールドは投資対象ではなく、将来売るために買うものではありません。金利が高くても低くても、つねにゴールドに目を向けています。彼らにとってゴールドは生活に根ざしたものだからです。

そんなインドは、いまや中国を抜いて世界最大の人口、14億４０００万人を誇る国です。いまのゴールド価格を支える根底には、彼らの存在があります。

池水　彼らにとってゴールドは、いざとなったときの資産でもあります。とくに働けない女性にとって大事な資産になります。

インドとのゴールド取引が難しい理由

大橋　インドで流通しているゴールドの多くは宝飾品で、基本的に身につけられるものです。

池水　そのためインドに出回るゴールドの純度は99・99％でなく、99・5％です。宝飾品の世界では基本的に純度99・99％の純金は使いません。先に述べたように、柔らかすぎて形を保ちにくく、宝飾品としてのデザイン性が失われやすいからです。

純金の宝飾品は中国にある程度で、多くは他の貴金属を混ぜて合金にします。インドのゴールド需要の多くは宝飾品なので、取引されるゴールドも純度99・5％にとどまります。じつはここにゴールド取引に関する、東アジアとインドの間の「見えない壁」があります。

日本や中国、韓国など東アジアの標準は、純度99・99％の純金です。一方インドでは純度99・5％のゴールドが取引の標準になっています。東アジアとインドとでは標準品の純度が違うため、日本人をはじめ東アジアの国はインド相手に直接取引が難しいのです。

大橋　純金は金含有率99・99％以上のものを指します。金の純度はカラット（K）でも表示され、純金は24Ｋになります。純度99・5％は23Ｋとなり、24Ｋと23Ｋでは当然、価格が違ってきます。

池水　純度99・5％のゴールドは当然、純度99・99％のゴールドよりも安い価格になります。ところがインドの人たちは、あくまで純度99・5％のゴールドが取引基準であり、99・99％の純度を必要としません。当然99・5％よりも価格が高い99・99％のゴールドを買う必要はないのです。逆に東アジアの我々にとっては99・5％では純度が足りず、そのため東アジアとインドがゴールドを直接取引することは、そうありません。

ちなみにインドは純度99・5％のゴールドをどうやって調達しているかというと、スイス製のゴールドをドバイ経由で輸入しています。スイスでは東アジア向けに純度99・99％のゴールドバーをつくる一方、インドや西アジア向けには純度99・5％のゴールドバーもつくっています。このあたりスイスのビジネスのしたたかさを感じます。

大橋　インド人をお客にすれば相当儲かるはずです。日本がそれをできないのは残念です。

池水　インド相手のビジネスの難しさは、ゴールドだけではありません。インドのビジネスマンは、非常にシビアで厳しいです。

大橋　インドでのビジネスは、中国でのビジネスよりも大変、とよく聞きます。

池水　中国の人たちは、ある程度の信頼関係ができると、よいビジネス相手になります。けれどもインドの人たちは、なかなかそうはなりにくい。なにより問題は、彼らの英語です。

インドはイギリスの植民地だったこともあり、ビジネスマンは英語を話します。その英語が英語に聞こえないのです（笑）。彼らと電話で話したとき、最初は何語を話しているのかわからず、途中でようやく英語だと気付いたこともありました。私は英語でビジネスをすることが多いですが、彼らの英語だけはうまく聞き取れません。

欧米ではバーより金貨が好まれる

池水　なお、インドのように宝飾品としてゴールドを好む国もありますが、資産として保有する場合、基本的にゴールドバーかコインになります。とくにヨーロッパでは金貨が好まれます。

ヨーロッパでは子どもが生まれたら、誕生日ごとに親が金貨を1枚ずつ買い、子どもが20歳になったら、すべての金貨を渡すという文化もあります。

大橋　とくにドイツは、そういう文化が濃厚と聞きます。ドイツの人たちはハイパーインフレを経験したからでしょうか。

池水　それはあるかもしれません。ドイツでは第1次世界大戦と第2次世界大戦で敗れたとき、紙幣が紙切れ同然になりました。ドイツ人が大量のゴールドを保有しているのも、このときの辛い経験があるからだと思います。

大橋　2章で、ドイツが冷戦中にアメリカに預けていたゴールドを自国に持ち帰ったという話が出ました。これも、そうした経験に根ざしているのかもしれませんね。

ドイツに限らずヨーロッパをはじめ世界では、いろいろな金貨がつくられ、売れています。カナダのメイプルリーフ金貨、オーストリアのウィーン金貨、オーストラリアのカンガルー金貨などが有名です。いずれもその国の造幣局が発行し、法定通貨として認められています。

それぞれの金貨には特色があり、メイプルリーフ金貨は表にイギリス国王の横顔、裏面にはカナダ国旗にも使われているメイプルリーフ（楓の葉）がデザインされています。ウィーン金貨は音楽の都らしく、表にはパイプオルガン、裏にはハープやチェロなど6つの管弦楽器がデザインされています。カンガルー金貨は、毎年デザインが変わることで知られます。中国ではパンダ金貨を発行していて、こちらも毎年デザインが変わります。

こうした金貨には額面表示がないものが多いです。ほとんどゴールドの地金と同じで、その日のゴールド価格によってコインの値段も変わります。地金を買うのと同じで、一つの投資になっています。

ヨーロッパではコインを買うことがポピュラーになっていて、それはアメリカも同じです。コインにはシルバーやプラチナもあり、アメリカ人はどちらかというとシルバーコインが好きのようです。

日本にこうしたコイン文化はありませんが、私は日本にもコイン文化が育つといいと思っています。だから仕事関係の人に赤ちゃんが生まれたら、コインを買って赤ちゃんにプレゼントしています。最初は私がプレゼントしますが、「来年からは、お父さんが買いなさいよ」と言っています。

池水　コインを買うのは、最初は敷居が高いものがあります。個人が買いやすい形にできれば、コイン文化はもっと広まると思いますね。

大橋　金貨をプレゼントされると、みんなびっくりします。「本当にこれが金ですか？」という感じですが、金貨のプレゼントが当たり前になってほしいものです。

アメリカでは金貨がスーパーで買える

池水　アメリカでは基本的にゴールドの現物を買いません。宝飾品として買うことはありますが、ゴールドに価値を置いているのではなく、あくまで宝飾品としての購入です。だからアメリカの宝飾品は16Ｋや14Ｋ程度で、純度は低いです。

そんなアメリカでも最近はコインが人気です。アメリカで発行されるコインは「イーグルコイン」と呼ばれ、表には自由の女神、裏にはアメリカの国鳥であるイーグルがデザインされています。

ゴールドならイーグル金貨、シルバーならイーグル銀貨となり、どちらも額面表示がありません。純度は99・99％で、その価値は保証されていますが、価格は相場により変動します。そのときの金や銀の価格だけでなく、何らかの理由でプレミア価格が付くこともあります。

シルバー1トロイオンスのスポット価格が25ドルのときに、イーグル1トロイオンス銀貨が37ドルで売られていたこともありました。供給が間に合わないほど人気が出たためですが、いまは収まり、プレミアムは落ち着いています。

大橋　世界やアメリカ国内の状況を考えれば、アメリカの人たちもドルのリスクヘッジとしてゴールドを買ったほうがいいと思います。ただしいまのところ、アメリカ国内でゴールド買いの動きはありません。

現在アメリカは景気が好調で、株価も上がっています。だから危機感がないのでしょうが、アメリカ政府の借金は膨らむ一方です。世界を見渡すと、ＢＲＩＣＳ諸国が意識的にドル経済から離脱しようとしています。アメリカ人こそドルのリスクヘッジのため、ゴールドに目を向けるべきではないか、と。

池水　アメリカのヘッジファンドはゴールドを買っています。ニューヨークのウォール街で金融のマネジメントをしているような人たちは、じつによく考えています。その意味でアメリカは、意識の高い系の人たちと意識の低い系の人たちの間に分断があります。

大橋　ただ、アメリカのごくふつうの消費者の、ゴールドへの関心の高まりがうかがえるニュースも出てきました。アメリカの会員制スーパー・コストコが２０２３年６月からゴールドの販売を始めたのです。現在ではゴールドだけではなくシルバー、プラチナの販売も始まっていますが、なかでもゴールドバーが大変な売れ行きです。これはゴールド市場におけるエポックメイキング的な出来事になるように思います。

これまでゴールドの現物を買うには、地金商の店に行くのが基本でした。地金商でゴールドを買うには身分証明書が必要ということもあり、地金商の店頭に足を踏み入れるのは庶民には敷居が高い印象がありますが、コストコなら身分証明証が不要です。

池水　コストコは会員制で、そもそもお客の身分がわかっていますから。一人５枚までという制限がありますが、それでも大変な売れ行きのようです。

じつは日本のコストコでも、宝飾品売り場で日本マテリアルのゴールドバーやプラチナバーを売っています。１００グラムのゴールドバーなら１４０万円程度しますが、こうしたものが日本のスーパーでも売られる時代になったのです。

大橋　一般庶民が買い物ついでにゴールドやプラチナを買える時代になった。そう考えると近い将来、ゴールドやプラチナがもっと身近になり、とくにプラチナは爆発的に売れるかもしれません。

池水　ゴールドとプラチナが一緒に並んでいると、プラチナの安さが目立って買いやすいということもありますね。

貿易摩擦解消のために生まれた御在位六十年記念金貨

池水　中国やインドの人たちは歴史的にゴールドが好きですが、日本の場合、市井の人はほとんどゴールドと関係なく生きてきました。通貨としてのゴールドは戦国時代からあり、江戸時代にはゴールドの小判もありましたが、それらは大名や豪商が手にするもので、庶民は無関係でした。

明治初期には1円金貨が発行されましたが、10年足らずで発行中止になり、一般的には流通しませんでした。

大橋　とはいえ縁起物としては、日本でもゴールドが使われてきました。正月やめでたい行事の日に金箔入りのお酒を飲んだり、金箔をちりばめた料理を食べるというものです。

池水　いまもそうした文化は残っています。とはいえ貨幣としての流通が、ほとんどなかったのも確かです。

大橋　そこには日本人の好みも影響しているかもしれません。日本人はキラキラした宝飾品はあまり好まない傾向にあります。ネックレス一つとっても、中国人やインド人はピカピカの金が好きですが、日本人はどちらかというとプラチナやシルバー好きです。

池水　昔から日本人は白物が好きといわれます。プラチナやシルバーのような無色の金属を好む傾向が強い。ゴールドは派手に感じるのでしょう。ただ何かを記念して金貨を発行することはありますね。

大橋　天皇陛下の御在位に関係したものや、オリンピックなど国際イベントに絡み、ときおり発行されています。

池水　日本が発行した金貨で最も話題になったのが、2章でも少し触れた昭和天皇御在位六十年金貨です。この記念金貨には面白いエピソードがたくさんあります。

記念金貨が発行された昭和61年から昭和62年にかけて、私は住友商事に勤務していました。このとき日本は金貨と同時に１万円の記念銀貨も発行し、そのためのシルバーの調達を住友商事が担当しました。何百トンもの調達仕事なので、非常に刺激的なビジネスでしたよ。

大橋　国家からのオファーですからね。

池水　ただしゴールドの調達は、我々民間企業には回ってきませんでした。ゴールドを調達したのは、当時の大蔵省の理財局国庫課長だった榊原英資氏です。榊原氏はのちに財務相財務官にまでなった人物です。

そもそも日本がなぜ御在位六十年記念金貨を発行することになったかといえば、対米貿易摩擦の解消のためです。当時、日本の対米貿易黒字は莫大で、アメリカから強い非難を受けつづけていました。貿易黒字解消のために榊原氏が思いついたのが、記念金貨の発行です。発行にあたり、アメリカから４００トンものゴールドを買うことにしたのです。

大橋　それは一時的な効果しかないのではないですか？

池水　それでもよく考えたものだと思います。ただ問題は榊原氏が日本の商社を通さず、自力でゴールドを調達しようとしたことです。ロンドンやニューヨークのトレーダーに直接電話をかけ、電話口で「ディス・イズ・サカキバラ。ミニスタリー・ファイナンス・イン・ジャパン」などと自己紹介したそうです。

いきなりの電話に相手は困惑したことでしょう。どんな人物かわからない人から大量注文されても、相手は不審に思うだけです。

大橋　何のパイプもない人なら当然です。

池水　実際ほとんどの銀行が相手にしなかったと聞きました。唯一ニューヨークのシティバンクが話にのり、結局シティバンクが、400トンのゴールドを調達することになったのです。

大橋　そう聞くと榊原氏の電話をスルーした銀行は、もったいないことをしました。

池水　私たちも、この話をあとから知りました。日本の政府が金貨を発行するにあたり、日本の商社を飛ばして海外から直接ゴールドを調達するのは、日本の商社への仁義に欠けます。商社の社員たちは、みな烈火のごとく怒っていました。とはいえ、貿易赤字解決のために米国から直接買う必要があったという理由はあったんでしょうが。

10万円金貨の原価は４万円だった

池水　この昭和天皇御在位六十年記念金貨は、１１００万枚以上発行されています。一般に記念金貨は、将来の値上がりが期待されがちです。ところがあまりに多く発行したので、ほとんどプレミアムがつきませんでした。

プレミアムがつかなかった理由は、ほかにもあります。そもそもこの金貨は、10万円の額面を付けながら10万円の価値がなかったからです。金貨に使われたゴールドは、重さにして当時４万円分ぐらいだったのです。純金ではあったものの、10万円に見合う金量ではなかった。そこがメイプルリーフ金貨やウィーン金貨などと違うところです。

大橋　４万円の価値しかない金貨に10万円の額面を付けるとは、少しやりすぎの感がありますね。

池水　政府としては税外収入を確保したかったのでしょう。大蔵省としては10万円金貨１枚あたり６万円の利益を得る腹積もりだったと思います。けれどもこれはゴールドの世界では禁じ手です。本来の価値以上の額面で金貨を発行してはならないのです。

多くの金貨に額面が刻印されていないのも、そのためです。刻印したとしても、せいぜい１ドル程度の金貨です。

金貨の常識を破った記念金貨は、とんでもない事態を招きました。偽造品が大量に出回ったのです。純金は柔らかいので鋳造しやすく、簡単に偽造金貨をつくれます。純金４万円分を鋳型に流し込み、「拾万円」と刻印して市場に出せば、大蔵省と同じように１枚で６万円儲かるのです。

実際スイスで鋳造された偽10万円金貨が、日本に大量に出回りました。日本国内で10万枚以上の偽物が出回り、そのうち８万枚以上は日銀に還流されました。

大橋　つまり日銀が４万円の価値しかない金貨を10万円で引き取ったということですね。大蔵省は儲けるつもりが、メンツを失いました。

偽物の問題もあり、10万円金貨は価値がほとんど上がらない時代が続きました。10万円金貨を買った家庭のほとんどが、さほど価値のないものとして死蔵していたように思います。

ゴールドの値上がりが10万円金貨の価値を変えた

池水　ただこの記念金貨にはアフターストーリーもあります。発行当時は４万円の価値しかありませんでしたが、金相場の値上がりで、価値が10万円近くまで上がったのです。このとき目端の利く人たちが仕掛けたのが、ネットオークションで記念金貨を買いあさるというものです。

この時代、すでに記念金貨は一般のオークション市場に登場していました。まったく値上がりしないので持っていても仕方ないと思った人たちが、９万円ぐらいで売りに出していたのです。

本当をいえば９万円でオークションに出すのは、もったいないのです。10万円という額面は国が指定したものです。記念金貨とはいえ法定通貨に変わりなく、銀行に持っていけば10万円分の紙幣に換えてくれます。このことを知らない人たちが、本来なら10万円の価値のある金貨を９万円程度で売りに出したのです。

大橋　それを買いあさった人たちがいたということですね。

池水　彼らは10万円の価値のある貨幣を10万円よりも安くたくさん買ったわけです。彼らが得る利益は、無限大に近いです。もともと損するリスクがないうえ、ゴールドの価格がさらに上がれば、より大きな利益を得られます。

いまならこの10万円の記念金貨は、ほぼ30万円の金価値になっています。このとき買いあさった人たちは、本当に凄いと思います。

第6章

ゴールド投資には どんなものがあるか

ゴールドの現物買いにカードは使えない

大橋　さて6章では、いよいよゴールド投資について具体的な方法をご紹介したいと思います。

長期的にゴールドを購入する投資方法は、大きく3種類あります。第1はゴールドバーや金貨のような現物を買う方法、第2は純金積立で毎月決まった日に少しずつゴールドを購入する方法、そして第3はゴールドの投資信託やＥＴＦの活用です。それぞれ長所と短所がありますので、一つずつ解説していきます。

昔からある基本的なゴールド購入手法は現物を買うことです。地金商に行けば、誰にでもゴールドや金貨を売ってくれます。

池水　地金商の大手は田中貴金属、石福金属興業、徳力本店、三菱マテリアル、日本マテリアルの5社です。三菱マテリアルは本来、鉱山会社ですが、系列店で地金の小売り販売もしています。これら5社は東京なら神田、銀座、御徒町、丸の内に店舗があり、地方都市にも支店や系列店、特約店などがあります。

なかでも地金商御三家と呼ばれるのが田中貴金属、石福金属興業、徳力本店です。ともに１００年以上の歴史を持つ、貴金属を手掛ける地金商です。御三家のなかでも田中貴金属が少し抜けています。

かつては住友金属鉱山や三菱商事、三井物産などもゴールドの個人向けビジネスを行っていました。しかしいずれも個人向けの小売りビジネスは本来の彼らのビジネスではなく、その管理コストやコンプライアンスなどの問題もあり、いずれも撤退しました。

大橋　私は純金積立をやっていますが、かつてある程度貯まったら千両箱のようなものがもらえるといったサービスがありました。

池水　それは住友金属鉱山ですね。撤退後は田中貴金属に移管されました。また御三家をはじめ地金商の大半は、ネットでの販売も行っています。田中貴金属や三菱マテリアルをはじめネット価格を店頭価格より少し安くしているところもあります。ネットだと人件費などコストが安くなるので、その分安くできるのです。

大橋　ゴールドの現物を買うときに知っておきたいのは、基本はキャッシュということです。

池水　つまりキャッシュカードや電子マネー、ＱＲ決済などは使えない。キャッシュも上限があり、１００万円まで。それ以上は銀行振込になります。以前は１００万円以上でもキャッシュで買えましたが、ルールが変更されました。

銀行振込の場合、地金商は振込を確認したのち、お客にゴールドを渡します。店頭で渡すか、ネット販売なら宅配便で届ける形になります。

大橋　５章のコストコの話でも触れましたが、地金商でゴールドを買うときは身分証明書の提示が求められます。

ゴールドバーの刻印は保証書の代わり

大橋　地金商でゴールドを買うとき、重さは5グラムからあります。上から順に１キログラム、５００グラム、３００グラム、２００グラム、１００グラム、50グラム、30グラム、20グラム、10グラム、５グラムと予算にあわせたサイズが選べます。

池水　繰り返しになりますが、ゴールドの現物は「ゴールドバー」です。ほかに「金の延べ棒」「金の延べ板」「金塊」「インゴット」といった言い方もします。取引の現場では「バー」、あるいは「地金」と呼びます。

そして12・5キロのゴールドバーは「ラージバー」、1キロのゴールドバーを「キロバー」、100グラムのゴールドバーを「スモールバー」、それ未満を「グラムバー」と呼びます。あるいは300グラムバー、200グラムバー、100グラムバーを「スモールバー」、50グラムバー、20グラムバー、10グラムバー、5グラムバーを「コインバー」と呼ぶこともあります。

大橋　映画やテレビに登場する金塊は、ラージバーやキロバーです。

池水　一番大きいラージバーは少し特殊で、取引しているのは中央銀行や大手金融機関、大手鉱山会社ぐらいに限られます。最もスタンダードなのはキロバー、つまり1キロバーです。日本や東アジアで、とくに流通しています。

大橋　ゴールドバーには、必ず刻印があります。刻印には重要な事項が記されていて、これが保証書代わりになっています。

池水　刻印には、ロット番号、商標、重量表示、精錬・分析者マークなどが記載されています。ロット番号は「金塊番号」ともいい、製品管理のための番号で、同一番号は存在しません。

商標は田中貴金属や徳力本店、三菱マテリアルなど製造業者を表示しています。精錬・

分析者マークは精錬業者や品位検定業者の表示で、製品を保証しています。また「FINE GOLD」と記されていれば、純金であることを示します。

重さによって変わる売買手数料

大橋　ゴールドバーの売買にはバーチャージと呼ばれる手数料がかかります。手数料は重さによって異なり、基本的には500グラム以上のゴールドバーなら手数料はかかりません。一方500グラム未満のバーには手数料かかります。

池水　ゴールドバーは5グラムからあり、小さなサイズほど加工に手間がかかります。その手間賃が手数料となっています。

大橋　手数料のことを知らないと、思わぬ出費をすることになります。

池水　たとえば500グラムのゴールドを保有したいとき、500グラムバーを買うなら手数料はかかかりません。一方100グラムバーを5本買えば、手数料がかかるわけです。

とはいえ500グラムのゴールドとなると、いまなら700万円ぐらいします。大胆な投資家ならともかく、ふつうの人はなかなか買えるものではありません。さらに相続・贈与対策や支払い調書などを考慮し、最近では１００グラムバーの取引が増えています。

また手数料は、ゴールドを売るときと買うときで仕組みが違います。買うときは５００グラム未満の場合、バーの本数が多いほど手数料がかかるとお話ししました。一方売るときは、５００グラム以上のバーで手数料がかからず、５００グラム未満でかかるのは同じですが、かかる手数料は本数でなく、重量で決まります。

たとえば１００グラムのゴールドバー５本買うときは、５本それぞれに手数料がかかります。ところが１００グラムのゴールドバー５本を売るときは、総重量が５００グラムになるので、手数料はかかりません。

買ってすぐに売るのは損

大橋　この先ゴールド価格がさらに上昇を続けるなら、ゴールドバーの買い方や売り方も変わってくると思います。
ゴールドの現物投資は長期的な視野に立って初めて生きてきます。株式なら買った株がすぐ値上がりしたら、すぐに売るのもありですが、ゴールドは違います。買ったゴールドをすぐに売ったのでは、損をすることになりかねません。地金商でのゴールドの小売り価格は、買い取り価格と同一ではないからです。

池水　ゴールドの小売り価格と買い取り価格は、どちらもゴールド1グラムあたりの円建て価格表示がされます。両者の間にはスプレッドと呼ばれる価格差があります。このスプレッドの部分が、一日の固定価格とするための相場変動リスクに対する保険であるのと同時に地金商の利益もここに含まれることになります。

スプレッドはゴールド1グラムあたり、2025年1月現在170円ほどになっていいます。基本的に地金商は買い取り価格よりも小売り価格を高くしています。お客からすれば同じゴールドを地金商で高く買って、安く売るということになります。

大橋　つまりゴールド価格が上がらないと仮定して、140万円で買ったゴールドを次の日に地金商で売っても140万円では売れません。買い取り価格は138万6000円ぐらいで、1万7400円の損になります。

池水　手数料ということでは、地金商にとっての理想は買いと売りが同時にあることです。その場合は売買のスプレッドがそのまま地金商の利益となります。

ただ現実には顧客の売買は売るか買うか、どちらか一方に偏りがちです。たとえばゴールドを買う客ばかりで合計50キロのバーを売ってしまえば、手持ちのバーが不足します。このとき地金商は商社から50キロのゴールドバーを買ってカバーしています。商社から買う価格は、地金商の小売り価格と買い取り価格の中間ぐらいです。このポジションのカバーにより地金商のプライスリスクはゼロになります。

大橋　将来売ることを考えるなら、ゴールドを買う地金商の選択も大事です。

池水　売るときに安心なのは、そのゴールドを買った地金商で売ることです。別の地金商で売る場合、ゴールドの真贋を確認するため、分析料や鑑定料金を取られることもあります。

また業者によっては販売しかしていない、あるいは自社で販売したゴールドしか買い取らないところもあります。このあたりは買うときから注意が必要です。

大橋　近年のゴールド価格上昇で、ゴールド現物の買い取り・販売店が増えました。なかには「ぼったくり」の店もあります。価格をよく知らない人が親の持っていたゴールドを売ったところ、二束三文に近い値段だったという話も耳にします。やはり信用力のある店で買い、売ることが大事です。

買ったゴールドの保管場所

大橋　首尾よくゴールドを買ったとして、次に問題となるのが保管場所です。自宅でゴールドを保管すると盗難リスクが生じます。セキュリティをしっかりしていても、いまは悪質な強盗も増えています。

実際、私の知人は家で保管していたゴールドを盗まれたことがあります。とくに「ゴールドを買った」とうっかり口にすると、その情報がどこかに伝わり、盗難に遭いやすくもなります。

銀行の貸し金庫に預ける手もありますが、保管手数料がかかります。この保管料がバカになりませんし、最近では貸金庫の信用の失墜につながる報道も出てきています。

池水　結局のところ、リスクをどう判断するかでしょう。個人ならタンス預金のように自宅で保管するのも、一つの選択です。

そもそも個人で買うレベルのゴールドは、それほどかさばるものではありません。１００グラムのゴールドというと１４０万円程度ですが、たいした大きさではありません。

田中貴金属の１００グラムのバーは縦40ミリ、横24ミリ、厚さ6ミリ程度です。５００グラムでも縦87ミリ、横44ミリ、厚さ9ミリほどです。持つとずっしりと重いですが、保管場所にさほど困ることはありません。

大橋　自宅に置いている人が多いのでしょうか。お年寄りが亡くなったとき、遺品整理でゴールドが出てきて、遺族がびっくりしたという話はよくありますね。あるいは遺品整理業者が見つけたゴールドを遺族に内緒でくすねてしまうという話もあるようです。もちろん犯罪です。

池水　遺族が困らないよう、保管場所を家族にだけは伝えておくことが大事かもしれませんね。

ゴールドの領収証を捨ててはいけない

大橋　またゴールドを買うときにもう一つ大事なのが、受け取った領収証をゴールドと一緒に保管しておくことです。捨てたり行方不明になったりすると、いずれ売るときに無用な税金を納めることになります。

池水　ゴールドの売却や相続には税金がかかります。ゴールドを売れば譲渡所得と見なされ、他の所得と合わせて総合課税の対象となります。相続も相続資産の対象となります。

大橋　ただゴールドを売って得た利益が50万円以下なら、特別控除により非課税となります。50万円を超える場合も、超えた部分のみが課税対象になります。またゴールドを持っていた期間が5年を超えていたら、課税対象は50万円超の部分の2分の1になります。

池水　ここで大事になるのが、買ったときの領収証です。ゴールドを売るときに譲渡所得の対象になるのは、売値から買値を差し引いた額です。いまはありえませんがゴールドの売値が買値より安ければ、差額損を他の所得から差し引くこともできます。つまり所得税を安くできるのです。

逆に領収証がなければ売値にみなし課税され、売値の5％を納めることになります。場合によっては本来払うべき額より、多く納税することになります。

大橋　領収証が大事なのは相続も同じです。相続したゴールドは相続税の対象になり、買ったときの領収証がなければ、やはりみなし課税されます。

池水　ただし領収証がなくても、預金通帳に地金商にいくら振り込んだかといった記録があれば、税務署もこれを考慮してくれます。

少額の投資でも得られる地金型金貨

大橋　金貨については５章でも触れましたが、ここであらためて投資対象としての金貨についてお話ししたいと思います。

日本で買える金貨にはカナダのメイプルリーフ金貨やオーストラリアのカンガルー金貨など、いくつも種類があります。デザインもまちまちで、ゴールドバーより選択肢が多いのも魅力です。

池水　金貨には、法定通貨として発行される「通貨型金貨」があります。金額が刻印されたもので歴史的には通貨の原型といえますが、現在使われているものは稀です。５章で紹介し昭和天皇の在位六十年を記念して発行された10万円金貨は、通貨型金貨にあたります。

一方、ゴールド投資の対象となるものは「地金型金貨」といいます。海外のいくつかの造幣局が発行していて、金の値動きに連動する投資用金貨です。

地金型金貨の純度は、たいてい24Ｋか22Ｋです。24Ｋすなわち純金の金貨には美しさと最高の信頼性がありますが、硬さの面で問題があり、傷つきやすいリスクがあります。そこで合金にして硬度を高くしたのが22Ｋの金貨で、保存に便利です。

セミナーでよく「24Ｋと22Ｋのどちらがよいですか」と聞かれますが、最終的には好みの問題だと思います。

大橋　世界で発行されている金貨には、５章で紹介したメイプルリーフ金貨やカンガルー金貨、ウィーン金貨、イーグル金貨などのほかに、イギリスの「ブリタニア金貨」やアメリカの「バッファロー金貨」などもあります。

ブリタニア金貨の表には、２０２２年までエリザベス女王、２０２３年からチャールズ３世、裏にはイギリスの理想と価値を象徴するブリタニア女神がデザインされています。モチーフは同じですが、毎年デザインが変わるのも特徴です。バッファロー金貨はアメリカが初めて発行した純金の金貨です。

投資対象として金貨のよいところは、かなり小さいサイズのものも売られているところです。メイプルリーフ金貨なら１トロイオンス、２分の１トロイオンス、４分の１トロイオンス、10分の１トロイオンスの４種類あり、10分の１トロイオンスならいまでも５万円程度で買えます。

池水　地金型金貨の価値は、ゴールドの価値とほぼ等価です。ゴールド価格が上昇していく局面では金貨の価格も同様に上昇し、ゴールド価格が低迷すれば金貨の価格も低迷します。金貨を保有することは、ゴールドを保有しているのと同じなのです。

金貨の売買には手数料がかからない

大橋　地金型金貨を買うときに知っておきたいのは、同じ重さのゴールドバーより価格が高めということです。ただし割高かというとそうではなく、結果的にはゴールドバーと同じです。

池水　地金型金貨の価格が高くなるのは、プレミアムが付いているからです。精巧なデザインを施しているので、その加工費が上乗せされているのです。

とはいえ売るときもプレミアム分が考慮され、同じ重さのゴールドバーより高値になるのでプラスマイナスイコールになります。

大橋　ただし金貨に傷を付けると、プレミアムは消えてしまいます。そこから傷の付きにくい22Ｋの金貨を好む人もいます。

池水　傷の付いた金貨は付加価値がなくなったと見なされ、再生用の地金として買い取られることになります。

大橋　地金型金貨で売買するメリットは、手数料がかからないことです。500グラム未満のゴールドバーは売買手数料がかかりますが、地金型金貨はわずか3・1グラムの10分の1トロイオンス金貨でも手数料はかかりません。

池水　地金型金貨は、いわば小型商品なので売買手数料の面では優遇されています。だから、少額投資したい人に向いているのです。

もう一つ金貨には「記念金貨」があります。一般に収集用に位置づけられる金貨で、流通量が少ないうえ熱心なマニアが買い集めるので、ゴールドの市場価格よりずっと高値で取引されます。ゴールド価格の上昇局面で売れば大儲けも可能ですが、基本的に入手難なので投資向きとはいえません。

月々3000円程度で始められる純金積立

大橋　ゴールド投資のうち、元手のない人が始めやすいのが純金積立です。取扱会社にもよりますが、最低金額が月々1000円～3000円ぐらいから積立設定できるので、学生さんでも将来に向けて投資するのに向いています。

池水　純金積立は基本的にゴールドの現物買いです。ただしその日に地金商に行ってゴールドを買うのではなく、将来のための買いつけです。何年あるいは何十年か先にゴールドの現物を手にするため、お金を毎月少しずつ取扱会社に払うのです。

たとえば毎月3000円なり1万円なり、決まった額を積み立てていきます。やがてまとまった重さになったら、金地金として引き出すことができます。

大橋　金地金だけでなく、地金型金貨やジュエリーとして引き出すこともできます。あるいはその場で売って現金化もできます。

池水　純金積立の魅力は、長期的には仕入れコストを抑えられるところです。一定の「量」ではなく「額」で買いつけるので、毎月の購入額は一定です。これはゴールド価格が高いときは少なく、安い局面では多く買いつけることを意味します。結果として、買いつけの平均単価が下がる仕組みになっています。

このように価格変動するものを一定の積立金額で買いつける手法を、ドル・コスト平均法といいます。株の投資信託でも、よく行われる手法です。

ドル・コスト平均法による買いつけなら、相場の動きを気にする必要がありません。機械的に買っていくので、日々の価格変動を見ながら「今日は高いからやめておこう」「安くなったから今日買おう」などと、思案せずにすみます。

また純金積立は、積立日以外にも自由に買い足すことができます。積立日以外の買いつけを「スポット購入」、あるいは「スポット買いつけ」と呼びます。

大橋　たとえば臨時収入が入ってきたり、ゴールド価格が下落しているときに「10万円買い足してください」などと取扱会社に連絡すればいいのです。また積み立てている間は保管のリスクがないのもメリットの一つです。

池水　取扱会社にもよりますが、多くの場合、積み立てたゴールドが100グラム以上になったら現物として引き出せます。逆にいえば100グラムに満たない場合、小さすぎて引き出せません。

大橋　現在ゴールド価格は1グラム＝1万5000円くらいですから（2025年1月時点）150万円ぐらいのゴールドの積立で引き出せる計算ですね。積立金は銀行口座からの自動引き落としですから、放っておいても貯まっていきます。純金積立を昔からやっている人は、いま大儲けしているのではないでしょうか。

池水　そうでしょう。日本の純金積立は１９８０年に田中貴金属が始めました。以後20年間はゴールド価格が低迷していたので、当時から積み立ててきた人はかなりのゴールドを得ていると思います。

大橋　ただゴールド価格が低迷した時代は、これを不満に思う人もいました。「やはり金はダメだ」と積立を辞める人も多かったと思います。

池水　途中で積立をやめても、それまで貯めたゴールドを取扱会社に置いておくことはできます。銀行で定期積立を辞めたあと、口座をそのまま放置しても何もいわれないのと同じです。ただ純金積立を解約してゴールドを売却することもできるので、当時売ってしまった人も多いと思います。

大橋　ゴールド価格低迷時代は、２０００年頃に終焉しました。価格が上昇しはじめたら定期積立で得られるゴールドの量は減りますが、それまでに多くのゴールドを手にしていた人は大喜びでしょう。逆に「あのとき積立をやめなければよかった」と後悔している人も多いと思います。

いまはアプリを使って純金積立でどれだけのゴールドを保有しているかがわかるので、

モチベーションも維持しやすいと思います。

池水 それこそ銀行預金と同じです。

大橋 純金積立は、貴金属地金商や銀行、証券会社などが取り扱っています。売却した際の利益はその取引の状況に応じて「譲渡所得」「雑所得」もしくは「事業所得」のいずれかとして扱われ、確定申告が必要になります。

課税は保有期間により異なり、5年以上の長期保有で税制が有利になりますので、長期保有を目的とするのがいいでしょう。

純金積立のコストを安く抑えるには

大橋 少ない金額からでも始められる純金積立ですが、デメリットもあります。年会費や買いつけ手数料などのコストがかかります。

池水 純金積立は貴金属店や鉱山会社、商社、証券会社などの金融機関で扱っています。業者によって、コストやサービス内容が異なります。

年会費は、業者に支払う管理費のようなものです。業者によって無料から数千円程度と、かなりの差があります。買いつけ手数料は、購入金額に応じて数パーセントかかります。購入のたびに手数料を支払っていると、無視できない金額になります。

大橋　そう考えると年会費が多少高くても、買いつけ手数料の安い会社を選ぶほうが割安といえます。

ただ買いつけ手数料が安くても、年会費がひどく割高な業者もあります。そこは事前にしっかりシミュレーションしておくことが大事です。

池水　純金積立でもう一つ注意したいのが、業者による保管形態です。業者がお客の保有するゴールドを保管する方式には「消費預託」と「特定保管」の2種類あります。

消費預託では、お客の買ったゴールドの所有権が、業者側に一時的に移ります。業者はこのゴールドを自由に運用して、利益を出すことができます。もちろんお客がゴールドの引き出しを求めたときは、お客に返却する義務があります。また業者に運用益が出た場合、その一部を顧客に還元することもあります。

大橋　運用益が出るのは嬉しいですが、一時的とはいえ所有権が業者に移るのが少し不安です。

池水　問題は、業者が倒産したときです。ゴールドは銀行預金のようなペイオフ（預金保護）の仕組みがありません。業者に預けていたゴールドが、すべて返却される保障はないのです。

大橋　業者の経営状態などを、きちんとチェックしておくことが大事ですね。

池水　もう一つの特定保管は、お客のゴールドと業者の資産を完全に別にするものです。業者が破綻しても積み立てたゴールドは、すべてお客に返却されます。その代わり業者はお客のゴールドを運用できないので、運用益が還元されることもありません。また資産管理が厳重なことから、年会費や買いつけ手数料が高めです。

大橋　どちらもメリット・デメリットがあるわけですが、実際は特定保管を選ぶ人が多いようです。

池水　また、これから純金積立をする場合、ひと月の積立額はできれば多めにしたほうがいいと思います。ゴールド安の時代なら、ひと月３０００円でもそれなりに積立ができましたが、いまはゴールド高が続く時代です。

ひと月３０００円では保有できるゴールドは０・２グラム程度です。１年間積み立てても２・４グラム程度、さらに高値更新となれば１００グラムを保有するのに50年以上かかります。できれば１万円以上をお勧めします。

プロに運用を任せるゴールド投資信託

大橋　投資信託とは、多くの投資家から集めた資金をファンドマネージャーと呼ばれる投資のプロフェッショナルが運用する仕組みです。運用益を出資した投資家へ分配する金融商品で、日本株、外国株、債券など投資対象は様々ですが、ゴールドに特化した投資信託も豊富です。

池水　金投資を始めたいけど、よくわからないという方はプロに運用を任せてしまうというのも一つの選択肢でしょう。

大橋　投資信託は、まとまった金額を一括投資することもできますが、毎月決まった日に一定額を積み立てていく投資家も多いですね。積み立て設定も簡単です。

ドル建てゴールドに連動するタイプと日本の円建てゴールドに連動するタイプがあります。

池水　ドル建てゴールドへの投資信託には「為替ヘッジあり」と「為替ヘッジなし」があります。ドル建てゴールド価格は、米国金利動向、つまりドルの方向性によって変動します。ドルが強いか安いかはゴールド価格形成にとって大きなファクターですね。ただ「為替ヘッジあり」には為替ヘッジのコスト（米ドルと日本円の金利差）がかかります。現在のように円安が続く場合は圧倒的に「為替ヘッジなし」の方がパフォーマンスはよくなります。

ドル円相場は24年に161円台まで円安が進みました。円安がまだ続くと考えるなら、そもそも円建ての国内ゴールドの投資信託を資産に組み入れておくと良いでしょう。

大橋　分配金・換金時の収益に対して、20・315％の源泉分離課税が課されますがNISAを活用すれば運用益に税金がかかりません。残念ながらNISAの「積立投資枠」ではゴールドの投資信託を買うことはできませんが、「成長投資枠」での「三菱UFJ純金ファンド（愛称：ファインゴールド）」などが人気です。

池水　このところ、株や債券とゴールドを組み合わせた新しい投資信託も話題ですね。

大橋　ゴルカンですね。新NISAがスタートして、個人投資家の間で全世界（日本を含む先進国・新興国）の株式に投資するオール・カントリー（eMAXIS Slim 全世界株式）が人気化しました。この投資信託は通称オルカンと呼ばれていますが、2024年12月、世界の株とゴールドに投資する「明治安田ゴールド／オール・カントリー株式戦略ファンド」（愛称ゴルカン）が誕生。また、２倍のレバレッジをかけて金と米国債に実質的に投資する「ゴールド・インカムプラス」も同じく24年12月に設定され話題となっています。

池水　２０２４年は30％近いパフォーマンスを上げたゴールドへの資金配分が無視できなくなっている、ということでしょう。私も昨年「Tracers Ｓ＆Ｐ５００ゴールドプラスというゴールドとＳ＆Ｐ５００の２倍レバレッジの投信を購入しましたが、ゴールドも米株も上がる昨年のマーケットでは正解のチョイスでした。

大橋　個人投資家の間でＳ＆Ｐ５００連動型など米国株の投信に人気が集中する傾向がありますが、仮に米株が大きな調整を強いられた時、どうするのか。このヘッジニーズに応えた商品設計といえますね。基本的にゴールドは株や債券と異なる値動きをする傾向があります。

画期的な投資商品「ゴールドＥＴＦ」

大橋　かつては、ゴールド投資というと、地金商に行ってゴールドバーを買うか、金貨を買うか、純金積立をするぐらいでしたが、現在では投資商品のラインナップも広がりました。特に、ゴールドＥＴＦという商品が出てきたことでゴールド投資のあり方が大きく変わりました。これは投資信託商品の一つで、個別株を売買するのと同じようにゴールドを売買できます。実際ゴールドＥＴＦは、証券会社を通じて売買します。

池水　ＥＴＦは「Exchange Traded Funds（上場投資信託）」の略で、証券取引所で売り買いできる投資信託を意味します。投資信託とは複数の人からお金を集めて、そのお金を投資し、利益が出たらお金を出した人に分配する仕組みです。

ゴールドＥＴＦは、実際に金を買う投資信託であり、その価格の動きはゴールド価格に正確に従うものです。つまり現物を買うこととほぼ同じ経済効果があり、現物投資をまさにそのまま証券化したと言えるユニークな投資商品なのです。

大橋　ＥＴＦというと日経平均株価やダウ平均株価など、主要株価に連動するタイプが有名ですが、これに対しゴールドＥＴＦは、株価でなくゴールド価格に連動するのです。

池水　ゴールドＥＴＦは「ゴールドの現物を買う」というわかりやすさで伸びました。現物を買う前提ということは、ＥＴＦに投資するお客が増えるほどゴールドの現物需要が高まります。ゴールドＥＴＦが買われるほど、ゴールド価格も上昇する好循環が期待できるのです。

大橋　手数料の安さも魅力です。日本の地金商でゴールドを買うときは、手数料を上乗せした価格で買います。また純金積立は年会費や買いつけ手数料がかかります。一方ゴールドＥＴＦは手数料が安く、運用手数料として差し引かれる信託報酬は、年間０・４％程度です。

池水　しかも手許にゴールドの現物を保管する必要がありません。現物のゴールドを自宅で保管すると盗難などのリスクを伴いますが、そのリスクがないのです。ゴールドＥＴＦでは通常お客から集めた資金で買ったゴールドバーを保管会社の倉庫に預け、厳重に管理します。保管会社は「ゴールドの預かり証」という位置づけの証券をつくり、これもまた倉庫で預かるので紛失の心配がありません。

好きなタイミングで売買できるのもゴールドＥＴＦの魅力

池水　ゴールドＥＴＦは他のＥＴＦや株と同じように証券取引所に上場しています。証券取引所の取引時間内なら、口座を持つ証券会社を通じてリアルタイムで何度も売り買いできます。

大橋　株と同じようにインターネットや電話を使って、好きなときに売買できます。ネット証券を利用すれば、売買コストも抑えられます。

池水　ふつうの投資信託の場合、申し込んでから実際に買えるまで2〜3日かかります。一方ゴールドＥＴＦは、株取引の証券口座があればすぐに売買できます。これも大きな特徴です。

大橋　つまりトレーダー感覚で売買できるのです。あるいは株を少しずつ買い足すのと同じ感覚で買い足すこともできます。それこそ純金積立のように毎月決まった額を投資する方法もあります。

これらの商品では、税金面での面倒臭さが解消されるのも嬉しいです。これまで述べてきたようにゴールドの現物の売買は、税金関係での面倒が多くあります。購入時には消費税を納め、売却時には消費税を受け取るとか、購入時の領収証を保管しておかないと売却金額総額に税金がかかるとか、初心者は戸惑うことが多いです。

それがゴールドＥＴＦは金融商品扱いなので、利益分について株と同じ20％の分離課税になります。しかも納税は運営会社が自動的にしてくれます。もちろん領収証も不要です。ゴールドＥＴＦを利用する人の中には、税金面で楽だからという人も少なくありません。

ゴールドＥＴＦには、いくつかの銘柄がある

大橋　そんなゴールドＥＴＦには、いくつかの銘柄があります。日本人に一番なじみ深いのは、「金の果実」の愛称で知られる三菱ＵＦＪ信託銀行の純金上場信託でしょう。

池水　「金の果実」のゴールド残高は、すでに40トンぐらいになっています。今後も増えつづけると思われます。

大橋　「金の果実」は円建てゴールド価格に連動するタイプです。ほかにドル建てゴールド価格に連動する銘柄もあります。

「ＳＰＤＲ　ゴールド・シェアＥＴＦ」「ｉシェアーズ・ゴールド・トラストＥＴＦ」「ＳＰＤＲ　ゴールド・ミニシェアーズ・トラストＥＴＦ」などです。ドル建てですが、日本円で買うこともできます。なかでも「ＳＰＤＲ　ゴールド・シェアＥＴＦ」は世界最大のゴールドＥＴＦです。

円建てゴールド価格は為替の変動の影響を受けやすいので、円建てのゴールドＥＴＦと

ドル建てのゴールドＥＴＦを半分ずつ買うのもお勧めです。

池水　また「金の果実」は、条件を満たせばゴールドの現物と交換可能です。多くのゴールドＥＴＦは裏付けとなるゴールドが海外にあるのに対し、「金の果実」はゴールドを日本国内で保管しているからです。

リスクを伴うゴールドＥＴＮ

大橋　ゴールドＥＴＦは派生商品も次々と生まれています。ゴールドＥＴＮ（Exchange Traded Note＝上場投資証券）も、その一つです。ただしゴールドＥＴＦにはないリスクがあります。

池水　ゴールドＥＴＮの値動きは、ゴールドＥＴＦと同じでゴールド価格に連動します。

ただしゴールドＥＴＦのような現物のゴールドの裏付けがありません。たんに値動きが連動するだけです。

大橋　つまり運営会社は、お客から集めた資金をゴールド以外で運用しているということです。

池水　運営するのは多くが証券会社などですが、そこにリスクがあります。証券会社が倒産すれば、投資資金が戻ってこない可能性があります。

ゴールドＥＴＦの場合、お客が買ったゴールドは保管会社で厳重に管理されています。だからＥＴＦの運営会社が潰れても、お客の資産は保全されます。一方、ゴールドの裏打ちのないＥＴＮの場合、潰れたら何も残りません。このあたりは純金積立の消費預託と同じです。

大橋　ゴールドＥＴＦとゴールドＥＴＮは一見似ていますが、リスクという点で大きく異なります。

池水　もちろんゴールドＥＴＮの運用会社の信頼性が高く、そうそう潰れることはありません。ゴールドＥＴＦより有利な条件が多ければ、ゴールドＥＴＮの検討の余地もあります。

新NISAを利用できるゴールドETFもある

大橋　ゴールドETFに投資するにあたり、大いに活用したいのが新NISAです。NISAは「Nippon Individual Savings Account」の略で、日本語にすると少額投資非課税制度です。英国の制度を参考にしてつくられたものです。

池水　NISAは2014年から始まり、2018年には積立NISAが開始、2024年から新制度が始まりました。これが新NISAです。

大橋　私は旧NISAも使っていましたが使い勝手が悪いものでした。非課税保有期間が5年と決められ、この間に利益が出なければ課税口座に移管されます。だから5年間で利食いしなければなりませんが、それが難しかったのです。

さらに損をしているのに、課税されてしまうこともありました。こうした不満を解消すべく新NISAにリニューアルされたのです。

池水　新NISAは口座開設期間に制限はなく、一生持っていることもできます。

大橋　新NISAの肝は非課税保有限度額、つまり無税枠が1800万円までに拡大されたことでしょう。

さらに「つみたて投資枠」と「成長投資枠」が併用できるようなりました。１２０万円、２４０万円の枠をそれぞれ使えるうえ、対象商品も違います。

池水　つみたて投資枠は金融庁の基準を満たした投資信託に限定されますが、成長投資枠は上場株式や基準を満たした投資信託のほか、ゴールドＥＴＦも対象になります。株はもちろん、ゴールドＥＴＦで売却時に利益が出ても、20・１３５％の譲渡益に対する税金を払わずにすみます。

大橋　これからはポートフォリオに現物のゴールド、あるいはゴールドＥＴＦを入れていく時代になります。

ゴールドに投資できる新ＮＩＳＡの商品には、先にご紹介した「金の果実」や「ＳＰＤＲゴールド・シェアＥＴＦ」「ｉシェアーズ・ゴールド・トラストＥＴＦ」のほか、「ＮＥＸＴ　ＦＵＮＤＳ金価格連動型上場投信」「ＳＭＴゴールドインデックス・オープン」などもあります。

本格的な投資家向きのゴールド先物取引

大橋　先物取引については第4章でその仕組みをお話ししましたが、ＣＴＡ（商品投資顧問）と呼ばれる短期売買筋、いわゆる投機筋も先物市場で積極的に売買しています。ヘッジファンドなどは、ゴールドの値上がり益だけでなく、価格下落局面を狙って積極的に売りで仕掛けてくることもあります。

池水　僕は毎日Bruce Reportという貴金属レポートを書いていますが、書きはじめてからもう30年にもなりますが、ここでは、こうした先物市場での投機筋らのポジションなどを取り上げています。

大橋　ＣＦＴＣ建玉明細（ポジション明細）ですね。ＣＦＴＣ（米商品先物取引委員会）が現地時間の毎週金曜日午後、日本時間だと土曜日の早朝になりますが、その週の火曜日のマーケットクローズ時点の投資家ポジションを分野別に発表しています。このポジションの偏りを見ることで、今後のゴールド価格動向が予測しやすくなる局面があります。

池水　あまりに、売りポジションが積み上がっていると、その買い戻しが入るだけでゴールド価格は上がりやすくなります。逆に買いポジションが大きくなれば、将来の価格下落リスクが高まる、ということになります。あくまで短期的な値動きですけどね。

大橋　先物取引は、決済期限がありますので投機筋らは期限までにポジションを決済しなくてはなりません。これは個人投資家も同じです。先物取引には取引する限月の納会日までに反対売買しなくてはなりません。他の金融商品と異なるのは、売りから入ることもできるため、ゴールド相場の下落局面でも利益を追求できることが可能という点にありますが、期限までの短期決戦です。

池水　ゴールド相場の上昇も下落も取引機会として活かせるという魅力がありますが、証拠金取引ですので、ハイリターンが見込める反面、ハイリスクでもあります。思惑と異なる動きとなった場合、追加証拠金を差し出さなくてはならなくなるリスクもありますので、資金管理が重要です。投資初心者にはハードルが高い取引ですね。

大橋　ＦＸ（外国為替証拠金取引）も証拠金取引です。ＦＸのレバレッジは最大25倍ですが、国内の金先物取引のレバレッジはおおよそ23倍前後です。ＦＸをやっているという方なら、その資金管理の重要性を理解しているでしょうから、それほど難しくはないと思います。ゴールド先物取引の証拠金はその時のゴールド価格によって変動しますが、２０

２５年１月時点で標準取引１枚あたり50万円前後。金ミニ先物はサイズが小さいため５万円前後です。

池水　先物取引を始めるには、大阪商品取引所、堂島商品取引所の先物取引を扱う証券会社や商品取引業者に口座を開設する必要があります。また利益にかかる税金は「申告分離課税」です。所得税の確定申告が必要となります。税率は、20％（国税15％地方税５％）と復興特別所得税（所得税額に２・１３５％を乗じて得られた額）となっています。

大橋　先ほど先物取引には期限があるため短期勝負というお話をしましたが、先物取引口座でも期限のない貴金属取引ができる商品もあります。「金限日取引」は、ＦＸと同じでポジションが自動的に翌営業日に持ち越される決済期限のない取引です。期限がないため長期の投資が可能です。

今では標準取引だけでなく、ミニ取引や限日取引が生まれ、先物取引の利便性も高まっています。ＦＸ取引などでトレードに自信がある、というトレーダーでしたら、先物取引のレバレッジは魅力に映るでしょう。

一つの口座で世界に投資も可能なＣＦＤ

池水　また、先物取引同様に買いだけでなく、売りから入ることができる商品にゴールドＣＦＤ（差金決済取引）があります。

取引はオンラインで行い、ゴールドの現物の受け渡しはありません。売買で発生した損益のみを受け渡します。先物取引のように決済期限がくることがありませんので長期に保有することも可能ですが、ゴールドの先物市場と同じで、証拠金が必要になります。

大橋　ゴールドＣＦＤの長所はレバレッジが効くところです。加えてゴールドＥＴＦより時間に制約がありません。ゴールドＥＴＦも便利ですが、東京証券取引所の取引が終了する15時半以降は売買できません。個別株取引と同じです。それがゴールドＣＦＤなら、日本の株の取引が終了した後も、夜でも取引できます。

池水　確かにゴールドの取引は、本当ならニューヨーク市場が大きく動く深夜に取引したいところです。すでに述べたようにゴールドの価格は、24時間ずっと動いています。ゴールドＣＦＤなら、ほぼ24時間追いかけることができます。

大橋　ゴールドＣＦＤには、取引所ＣＦＤと店頭ＣＦＤがあります。取引所ＣＦＤは取引所が提供するＣＦＤで、東京金融取引所が提供しています。店頭ＣＦＤは証券会社やＦＸ会社などが提供するＣＦＤです。取引所が提供するＣＦＤは、ＳＰＤＲゴールド・シェアというゴールドＥＴＦが原資産です。店頭ＣＦＤのゴールドは、スポット価格、あるいは先物価格に連動していますので、店頭ＣＦＤのほうが取引所ＣＦＤより値動きがわかりやすいですが、リスクもあります。取引所ＣＦＤは証拠金を保護するシステムがありますが、店頭ＣＦＤはその証券会社が倒産すると証拠金が戻ってこない可能性があります。

池水　ニューヨークの先物市場はゴールド価格形成の一つの中心ですから、店頭ＣＦＤなら深夜にニューヨークの先物市場の値動きを見て大きな取引もできます。

そこにレバレッジを効かせれば、大きな儲けも期待できます。もちろんハイリスク・ハイリターンで、証拠金をすべて失う危険もあります。

大橋　ＣＦＤがユニークなのは、ゴールドなど貴金属だけではなく、日経225などの株価インデックス、米国個別株、原油など、取扱会社によって取引できるアセットが多様であることです。一つの口座で世界の株やコモディティに同時に投資できるという利便性は魅力です。

取引を始めるには、取引所ＣＦＤは、「くりっく株３６５」の取り扱いがある証券会社や商品取引会社に口座を開設します。店頭ＣＦＤは、すでにその証券会社で株など取引口座を開設して取引を行っていたとしても、新たに「ＣＦＤ口座」の開設の申し込みをしてください。税金が、先物取引と同じ「申告分離課税」であるためです。

ゴールド価格と金鉱山株の関係

池水　さらに、ゴールド投資の一種には金鉱山株があります。金鉱山を持っている会社の株を買うというもので、これをゴールド投資というか否かは意見が分かれるところですが、ゴールド投資の延長線と考えている人もいます。

大橋　ただ金鉱山株は、ゴールド価格と必ずしも連動しません。人件費や株主の意向など、さまざまな要素が金鉱山株に関わっているからです。

池水　確かに金鉱山株とゴールド価格は、単純な相関関係にありません。投資家の中にはゴールドに興味があるけれどゴールド本体についてよくわからず、金鉱山株に向かう人もいます。ゴールド価格が上がっているから、金鉱山株も上がるだろうという発想ですが、そうとは限りません。

実際現時点では、ゴールド価格が高騰しているにもかかわらず、金鉱山株はパッとしません。2024年秋頃から少し上がりだしましたが、ゴールド価格に連動しているわけではありません。

大橋 インフレが続く中では金鉱山会社の人件費も上がります。このことが鉱山会社の経営をコスト面で圧迫し、株価を上がりにくくしています。ふだん株に投資している人なら、金鉱山株よりもゴールドETFのほうがいいように思います。

池水 ゴールドの値上がりを見越すなら、そのほうがストレートです。また、先に述べたように、たとえば住友金属鉱山は金鉱山会社ではありません。同社は銅、亜鉛、錫を主力とする会社で、利益の中でゴールドの占める割合は微々たるものです。

よく投資セミナーで「ゴールドの価格が高騰しているのに、なぜ住友金属鉱山の株が上がらないのですか」と聞かれますが、答えは住友金属鉱山がゴールドの会社ではないからです。

大橋 株を買うなら、その会社の経営実態を分析する必要があります。金鉱山株も同じで、イメージだけで買うと失敗することになります。

暗号資産「ジパングコイン」の可能性

大橋　ゴールド投資の最後は暗号資産、ステーブル・コインです。日本でも暗号資産でゴールドを買える時代になりました。

池水　三井物産デジタルコモディティーズが出した暗号資産で、「ジパングコイン（ＺＰＧ）」の名が付いています。２０２２年に認められたこの暗号資産つまり仮想通貨は、ゴールドの価格に連動するように設計してあります。具体的には１グラムのゴールド価格と連動します。だからジパングコインの動きは、ゴールドの価格の動きそのものになっています。

暗号資産にはビットコインやイーサリアムなどいろいろありますが、いずれも価値を裏付けるものがありません。一方ジパングコインは、ゴールドそのものに裏打ちされています。

大橋　またジパングコインには「レンディング（貸しコイン）」というサービスがあります。暗号資産を一定期間貸し出すと、利用料という形で金利が付くというものです。使わないジパングコインを貸すことで、少しはお金が入ってきます。

池水 それほど高い金利ではありませんが、三井物産側のお客を呼ぶために行っているサービスです。実際は、少し三井物産の持ち出しになっていると思われます。

大橋 ジパングコインを取引するには、取扱暗号資産交換業者欄に掲示されている暗号資産交換業者で口座を開設する必要があります。現在ジパングコインを扱っている業者は「SBI VCトレード」や、CoinTrade、bitFlyer、Zaifなどがありますが、今後もっと増えていくでしょう。

第7章

ゴールドをとりまく貴金属たち

プラチナ、パラジウムが局所にしか存在しない理由

大橋　貴金属にはゴールド以外にシルバー、プラチナ、パラジウムなどがあります。今回の対談の最後に、これらについても少し触れておきたいと思います。シルバー、プラチナ、パラジウムは貴金属市場に上場していて、個人でも取引できます。ただ値動きは根本的にゴールドと違います。

池水　ゴールド価格が上がると、長期的には他の貴金属の価格も上がります。とはいえ短期的にはゴールド価格とは無関係な値動きをします。これはシルバー、プラチナ、パラジウムの用途がゴールドとまったく違うからです。

繰り返しになりますが、ゴールドは宝飾品需要、蓄財需要が大半なのに対し、シルバー、プラチナ、パラジウムは工業用需要が6～9割を占めます。これは景気に左右されやすい貴金属ということです。

大橋　確かにゴールドは景気が悪いと買われて価格が上がりますが、シルバー、プラチナ、パラジウムは工業需要が落ちるので下がります。

池水　だから同じ貴金属でも、ゴールドと他の貴金属は違います。またシルバーの生産量は貴金属の中で抜けていますが、プラチナ、パラジウムの生産量はわずかです。ともにレアメタルの扱いです。

大橋　プラチナとパラジウムの生産国は世界中でほんの一部で、極めて局所的です。プラチナの生産量の80％を占めるのは南アフリカで、２位のロシアと合わせて世界の90％を占めます。パラジウムの場合、南アフリカ、ロシア、カナダの３カ国で、やはり90％を占めます。

なぜプラチナとパラジウムが局所的にしか存在しないかについて、「池水説」があります。池水さんによるとプラチナとパラジウムは、地球に衝突した隕石が地球に持ち込んだものなのです。

池水　もともと地球の地層内には、プラチナとパラジウムは存在しなかったと推論しています。地球に宇宙から飛来した隕石が衝突したとき、その隕石内にあったプラチナとパラジウムが地球に持ち込まれたのです。プラチナやパラジウムと同じく白金族貴金属のイリジウムも、やはり隕石由来でしょう。

白亜紀末期の地球に直径10～15キロの隕石が衝突したことは確かです。直径１８０キロぐらいのクレーターが残っています。この隕石衝突による地球変動によって、恐竜は滅んだのではないかといわれますが、一方で隕石は地球に新たな貴金属プラチナ、パラジウム、イリジウムなどをもたらしたと思うのです。

実際クレーター周辺は、イリジウムの濃度が高くなっています。そのためプラチナ、パラジウム、イリジウムなどは局所的にしか存在しないのです。

プラチナは「買い」か

大橋　希少性ということでは、プラチナのほうがゴールドより希少です。けれども通貨として使われたことはありません。

池水　世界の中央銀行は外貨準備資産としてゴールドを保有していますが、プラチナを保有しているという話は聞いたことがありません。ゴールドは長い間通貨として、あるいは通貨の裏付けとして機能してきましたが、プラチナにそうした歴史はありません。ここが資産として評価されない理由でしょう。

大橋　プラチナは、ガソリン、ディーゼル自動車と切っても切れない関係にあります。

池水　プラチナの最大の需要は自動車の排気ガスの浄化装置の触媒です。プラチナ需要の40％がディーゼル自動車の触媒でした。そのためプラチナは自動車産業と深く結びついていて、自動車産業が好調な局面ではプラチナ価格は上昇します。逆に自動車が売れなくなると、プラチナ価格は下落します。

大橋　ただ電気自動車が普及すると、ガソリン、ディーゼルなど内燃機関車に付けていた排気ガス浄化装置は不要になります。電気自動車が本格的に普及して内燃機関自動車が姿を消していけばプラチナ価格は低迷します。

池水　とはいえ電気自動車が完全に普及するかというと、私はそう簡単にいかないと思っています。

大橋　電気自動車を動かす電力の問題が指摘されていますね。コストがあまりにかかりすぎるとしてハイブリッド車への見直しの機運も高まっているようです。その意味ではプラチナ需要が急速に先細るリスクはそれほど高くないと見ることもできます。

供給面では、生産国が南アフリカとロシアに集中しているため、しばしば供給リスクが価格を押し上げることもあります。

池水　南アフリカのプラチナ鉱山は、つねに不安定なところがあります。もともと政治状態が不安定なうえ、鉱山労働者との賃金交渉で頻繁にもめています。しかも南アフリカのプラチナ鉱山はかなり深いところにあり、地下5000メートル級の鉱山も少なくありません。

そんな地下現場では排水や空調などのライフラインがつねに通っていないと、採掘はできません。一方で南アフリカには電力不安がつきまとい、供給量が減るたびに操業がストップしています。2008年に操業が2週間ストップしたときは、プラチナ価格が1トロイオンスあたり2800ドルという歴史的高値を付けました。

この年はリーマンショックも起こり、金融危機が広がったことでアメリカの自動車産業は収縮します。この打撃によりプラチナ価格は800ドルまで急落しました。このようにプラチナは自動車産業や南アフリカの動きにより、激しく値動きします。

激しい値動きの背景には、もう一つ根本的な要因があります。プラチナがあまりに希少だということです。

プラチナの有史以来の生産量は約4500トンで、これはゴールドの約30分の1です。年間供給量もゴールドの20分の1程度です。これほど希少性が高いので、市場規模は極めて限られます。そのためちょっとした変化があるだけで、激しく値動きするのです。

大橋　これはプラチナが価格動向のわかりやすい貴金属ということでもあります。ゴールドの場合、価格形成にはさまざまな要因が絡みますが、プラチナは自動車業界と南アフリカ情勢を見ていれば、先行きが見えてきます。

池水　プラチナの希少性を考えれば、プラチナ価格はゴールド価格よりも高くても不思議ではありません。ところが現時点のゴールド価格は、プラチナ価格よりも高いです。これは珍しい現象で、異常事態ともいえます。そこからゴールドよりも安いプラチナは「買い」と考える人もいるでしょうね。

プラチナと代替の関係にあるのがパラジウム

大橋　プラチナと並んで希少性の高い貴金属がパラジウムです。工業需要が主で、需要の80％はそもそもガソリン自動車排気ガス浄化装置の触媒です。ほかに半導体セラミックコンデンサなどにも使われます。多くはアメリカ、ＥＵ、日本、中国などで消費されています。

池水　パラジウムは「プラチナの代替金属」ともいわれています。プラチナもパラジウムも主に自動車排気ガス浄化装置の触媒に使われています。

そもそもプラチナはディーゼルエンジン、パラジウムはガソリンエンジンに使われています。パラジウムは歴史的にプラチナよりもはるかに安かったので、パラジウムで性能的に十分であったガソリンエンジンにはパラジウムが用いられ、パラジウムでは性能不足であったディーゼル車には高いプラチナを仕方なく使うというものでした。

しかしそのパラジウムが、圧倒的に販売の多いガソリン車に使われたことによって価格が大きく上昇してプラチナと逆転。これまでパラジウムが安かったので使われていたガソリン車にもプラチナが使われるようになりました。

プラチナはパラジウムの上位互換的なメタルと言えます。なのにパラジウムより安くなったことがかえってプラチナの触媒需要を伸ばすことになりました。このように現在ではプラチナとパラジウムはより互換性が高まっていると言えます。

大橋　日本では虫歯治療に使う詰め物のインレーにもパラジウムが使われています。

池水　確かに日本では歯科需要も高いです。公的保険が適用される銀歯はゴールド12%とパラジウム20%を合金化した、いわゆる「12%金パラ」です。理論上はゴールドの割合をもう少し高くしたほうが化学的安定感が高まりますが、日本の保険財源ではゴールドのこれ以上の増量は難しいようです。

しかもインレーの合金比率を変えれば、希少金属だけにパラジウムや他の貴金属の需要に影響を及ぼすと考えられます。

大橋　歯科需要としては、当分変化はなさそうですね。プラチナと並ぶ希少金属ではありますが、CO_2削減目標達成に向けてガソリン車販売が減少する流れの中では、需要が増えることは考えにくく、今後値上がりする期待は大きくありません。

かつてゴールドよりも価値が高かったシルバー

大橋　プラチナやパラジウムに比べると、シルバーは貴金属の中では圧倒的に生産量が多いため、貴金属の中でも安い部類になります。

池水　シルバーについては、かつて貴金属ではなく銅やアルミニウムのような「非鉄金属の仲間」と見なしていた人もいました。ただ銅やアルミの価格はシルバーの何十分の一ですから、シルバーは価格的に貴金属と非鉄金属の中間に位置しているといえます。

大橋　いまでこそゴールドより安いですが、かつてシルバーのほうが高価な時代もありました。

池水　ゴールドが砂金という自然金として見つかったのに対し、シルバーには自然銀がなかったからです。ゴールドのほうが集めるのが容易だったため、シルバーほど価値がなかったのです。

その後シルバーの鉱山開発が進むと、生産量が増えて希少性は薄れます。ゴールドのほうが希少性が高くなり、ゴールドとシルバーの地位が逆転するのです。

16世紀に新大陸のメキシコやペルーでシルバーの鉱山が発見されて開発が始まると、さらにシルバーは市場に溢れます。しかも「アマルガム法」という画期的な純銀の抽出法も生まれ、大量のシルバーがヨーロッパに流れ込みました。

当時のゴールドとシルバーの交換比は、1対15～16ぐらいでした。18世紀にはイギリスの科学者アイザック・ニュートンが造幣局長だった時代に、ゴールドとシルバーの交換比を1対15に定めています。いまゴールドとシルバーの交換比はもっと大きくなり、1対80～90ぐらいになっています。

大橋　シルバーの価値が大きく下がったとはいえ、シルバーの宝飾品の値段はそれほど安くありません。ゴールドとシルバーの交換比を考えるなら、現在ならシルバーの宝飾品はゴールドの宝飾品の80分の1以下になるはずですが、そうなっていません。

池水　それは、シルバーの宝飾品価格の大半を占めるのがデザイン料だからです。ゴールドに同じ手間をかけたのでは、コストが高くなりすぎます。宝飾品店では原価の安いシルバーに優れたデザインを施し付加価値を高めて、宝飾品として提供しているのです。とくにアメリカ人はシルバーを好みます。個人投資家の多くはゴールドが高すぎるのでゴールドが上がると思ったらシルバーを買います。基本的にゴールドとシルバーは同じ動きをするからです。そこからシルバーは「プアマンズゴールド（貧者の金）」とも呼ばれます。

大橋　需要でいうと、シルバーの60％は工業用です。太陽光パネルや抗菌装置にも使われています。

池水　シルバーは最も電気を通しやすいうえ、最も熱を伝えやすい金属です。しかも紫外線など熱線の反射率が高く、殺菌・抗菌作用にも優れています。そのためさまざまな製品に使われているのです。ＭＬＣＣ（積層セラミックコンデンサ）、ＰＤＰ（プラズマディスプレイパネル）などにも使われます。

電気伝導率の高さからすれば電線に最適ですが、価格が高いので次に電気伝導率の高い銅が電線に使われています。

大橋　さまざまな製品に使われるという意味では、景気変動に左右されやすい面もありますが、短期投資家が好むメタルなどもあり、時折ファンダメンタルズ無視で急騰、急落する投機的な値動きがみられます。

銅価格が上昇する日は来るか

大橋　なお銅は、ゴールドやシルバーと違い、貴金属ではありません。非鉄金属に分類されますが、一定の価値を持っていることも確かです。しかも電気製品に欠かせず、新たな電力インフラが増えるほど、銅の需要も増します。そのわりに２０２４年の時点では、意外なぐらい価格が落ち着いています。

池水　銅価格は、ひと頃1トンあたり1万ドルぐらいまで上がりました。その後は下がり、２０２４年末の時点で９５００ドル程度になっています。

大橋　銅の価格は、長期に見ると水準が切り上がっていることがわかります。とはいえ新興国が経済成長し、インフラ整備のために銅がいくらでも必要なことを考えると、もっと値上がりしていいと思います。中国の景気の悪さは、ひっかかりますが……。

池水　銅の最大需要国は中国です。その中国経済はここ数年、株価も不動産価格も下がる一方です。銅の最大需要国・中国で銅の実需がなくなっていることが、銅が値上がりしない一因かもしれません。

大橋　ビル一つ建てるにも大量の電線を引くので、銅は必要です。電気自動車にも銅が欠かせず、生成ＡＩのデータセンターにも必要です。

中国での実需が止まっても、これからさらに多くの電力インフラが必要になると考えると、銅の価格はいつ上がってもおかしくありません。

池水　銅はあくまで産業用の金属です。その意味では実需があるかどうかが大事で、そこが投資用の金属であるゴールドと違うところです。そのため投資家よりも実需の影響のほうが大きく、とくに中国経済の動向は銅の価格にとっては最も重要な相場要因になります。

大橋　銅価格が本格的に上昇しはじめたら、中国をはじめ世界の景気が良い時代に入ったということが確認できますね。トランプ２・０で、アメリカだけでなく世界景気が良くなるのかどうか、銅やゴールドの値動きからは目が離せませんね。

【著者略歴】
池水雄一（いけみず・ゆういち）

日本貴金属マーケット協会代表理事。
１９６２年兵庫県出身。上智大学外国語学部英語学科卒業後、住友商事入社、その後クレディ・スイス銀行、三井物産で貴金属チームリーダーを務める。さらに、スタンダードバンク東京支店長を歴任、２０１９年９月より「日本貴金属マーケット協会（JBMA）」代表理事に就任。一貫して貴金属ディーリングに従事し、世界のブリオン（貴金属）ディーラーでブルース(池水氏のディーラー名)の名を知らない人はいない。LBMA ２０２３ゴールド価格予想で世界トップ獲得。毎朝のBruce Reportは30年以上続けており、貴金属のマーケットレポートとしてはおそらく世界一長く続いている（https://jbma.net/service/metals_daily_report/）。Xでは@BruceIkeGoldで日々貴金属の情報を積極的にポストしている。

大橋ひろこ（おおはし・ひろこ）

日本貴金属マーケット協会理事。フリーアナウンサー。
福島県出身。個人投資家目線のインタビューに定評があり、経済講演会ではモデレーターとして活躍する。自身のトレードの記録はnoteで赤裸々に公表しており、ＳＮＳでの情報発信も人気。現在ラジオや自身が運営する「なるほど！投資ゼミナール」チャンネルで経済番組のレギュラーを多数抱え、キャスターとしても多忙な日々を送っている。著書に、『株とゴールドの「先読み」投資術』（共著・ビジネス社）など。

編集協力：今井順子

今こそ、ゴールド《金》投資！

2025年３月１日　第１刷発行
2025年４月14日　第２刷発行

著　者　池水雄一　大橋ひろこ
発行者　唐津 隆
発行所　株式会社ビジネス社
〒162-0805　東京都新宿区矢来町114番地 神楽坂高橋ビル5F
電話　03（5227）1602　FAX　03（5227）1603
https://www.business-sha.co.jp

〈装幀〉大谷昌稔
〈本文組版〉有限会社メディアネット
〈印刷・製本〉三松堂印刷株式会社
〈営業担当〉山口健志
〈編集担当〉中澤直樹

ISBN978-4-8284-2704-1